HERBERT PAUKERT

STERZ& POLENTA

Stocker

BILDNACHWEIS
Coverfoto: Günther Hauer, Graz
Umschlagrückseite: Günther Hauer (2), Antonio Husar (1)

Fotos im Buch:
Thomas Böhm (S. 26, 91, 113)
Roman Goldberger (S. 9)
Mani Hausler (S. 42, 46, 47)
Archiv Herbert Weishaupt Verlag (S. 21, 62, 100, 104, 109, 112)
Wilhelm Hufnagl (S. 22, 28, 56, 57)
Antonio Husar (S. 15, 23, 43, 50, 51, 54, 55, 101)
Andrea Jungwirth (S. 36, 59, 66, 70, 73, 76, 77, 78, 83, 121, 122)
Angelika Konrad (S. 60, 73, 106)
Werner Krug (S. 120)
Archiv Leopold Stocker Verlag (S. 20, 30, 48, 74, 75)
Mona Lorenz (S. 63, 65, 69, 71, 72, 111, 117, 119)
Andrey Sheldunov (S. 29, 34, 82, 84, 85, 97)
Alle übrigen Fotos: Günther Hauer

Für die Rezepte auf den Seiten 12 (Mi.), 14 (u.), 18 und 20 (o.) und 21 (o.) bedanken wir uns bei Frau Mathilde Auerbäck aus 8225 Pöllau.

BIBLIOGRAFISCHE INFORMATION DER DEUTSCHEN NATIONALBIBLIOTHEK
Die Deutsche Nationalbibliothek verzeichnet diese Publikation in der Deutschen Nationalbibliografie, detaillierte bibliografische Daten sind im Internet unter http://dnb.d-nb.de abrufbar.

AUF WUNSCH SENDEN WIR IHNEN GERNE KOSTENLOS UNSER VERLAGSVERZEICHNIS ZU:
Leopold Stocker Verlag GmbH
Hofgasse 5/Postfach 438
A-8011 Graz
Tel.: +43 (0) 316/82 16 36
Fax: +43 (0) 316/83 56 12
E-Mail: stocker-verlag@stocker-verlag.com
www.stocker-verlag.com

ISBN: 978-3-7020-1612-8

Umschlaggestaltung, Layout und Repro:
Werbeagentur Rypka GmbH, 8143 Dobl/Graz
Herstellung: hm•perfectprintconsult•eu

HERBERT PAUKERT

STERZ & POLENTA

130 REZEPTE – TRADITIONELL & NEU INTERPRETIERT

LEOPOLD STOCKER VERLAG
GRAZ – STUTTGART

INHALTS-VERZEICHNIS

Glossar 6
Sterzologie 6
Abkürzungen 6
Vorwort 7
Geleitwort von „Sterzbotschafter" Willi Haider 7
Einleitung 8

STERZGERICHTE 10
Häfensterz mit saurer Milch 11
Sterz (Grundrezept) 11
Brennsterz 11
Sterz aus Getreideschrot 12
„Türken"-Sterz geröstet 12
Polentasterz mit Grammeln 12
Maissterz mit Schwammerln 14
Riebel (Maissterz) 14
Riebelsterz mit Erdäpfeln 14
Polentasterz als Beilage 16
Breinsterz 16
Gerstensterz 16
Halbsterz 17
Sauerbrunner Bohnensterz 18
Erdäpfelsterz 18
Topfensterz 18
Bettlersterz I 20
Bettlersterz II 20
Holzknechtsterz 21
Schwammerlsterz 21
Steirischer Schwammerlsterz 22
Steirischer Grießsterz 23
Grießsterz 24
Gersten-Bohnen-Sterz 24
Heidensterz II 24
Heiden-(Buchweizen-)Sterz 25

SÜSSE STERZE 26
Topfenriebel mit Holundermus 27
„Verheirateter" Sterz 27
Ölsterz 27
Grießsterz mit Zwetschkenröster 28
Süßer Polentasterz 29
Bagersterz 30
Polentatommerl 31

SUPPEN, SUPPENEINLAGEN & BEILAGEN 32
Mais-Safran-Suppe 33
Schweizer Mais-Milch-Suppe 33
Maissuppe 33
Rindsuppe mit Polenta-Speck-Nockerln 34
Sterzsuppe mit Lauch 35
Polentanockerl 35
Polenta-Lauch-Suppe 36
Woazschnitten (Polentaschnitten) 37
Polentascheibchen 37

PIKANTE POLENTAGERICHTE (HAUPTSPEISEN) 38
Pikante Sterzecken mit Bauernschinken 39
Überbackene Polenta 39
Pfannküchlein mit Maiskörnern und Pilzen 39
Polentascheiben mit Schinken 40
Gemüse im Maisgrießring 41
Polenta mit Kastanien und Speck 42
Polentascheiben auf Spinat 42
Maisschmarren mit Bohnengemüse 44
Gebratene Maisrösti 45
Kürbiskernölpolenta mit Mischpilzen 46
Polenta-Kürbis-Kuchen pikant 48
Maisgrießauflauf mit Speck, Salami und Sultaninen 49
Polentagratin 50
Polenta und Fricka (Holzhackerkost aus dem Gailtal) 52
Polentarhomben mit Pilz-Käse-Sauce 52
Gegrillte Bohnenpolenta 53
Gegrillte Hendlhaxen mit Polentatalern 54
Hasenpfeffer mit Polentascheiben 56
Polentaauflauf mit Schafkäse 57
Polentaecken mit Schwammerln und Faschiertem 58
Polentaschnitten mit Käse überbacken 58
Panierte Polentaschnitten 59
Gebackenes Osterkitz in der Polentakruste mit kalter Olivenölsauce 60

Pikante Polentatorte ___ 62
Polentakarpfen ___ 62
Polentapizza mit Speck ___ 63
Rehschlögel mit Polentatalern und Gemüse ___ 64
Gefüllte Polentadukaten ___ 66
Saibling auf Linsen mit Polenta ___ 67
Polentalaibchen mit Käse, Speck, Schwammerln und Paradeisern ___ 68
Gebratene Hendlhaxen auf Polenta und Wurzelgemüse ___ 69
Tofu-Pilz-Ragout mit Polenta ___ 70
Gebackene Polenta-Speck-Knödel mit Grünkohl ___ 71
Paprika-Paradeiser-Polenta mit gebratenem Zander im Speckmantel ___ 72
Polenta-Grammel-Knödel mit Pilzsauce ___ 73
Bärlauch-Polenta-Würfel mit Champignonsauce ___ 74
Forellenfilet auf Spinat mit Polenta ___ 76
Polenta-Spinat-Strudel ___ 77
Ochsenschleppgulasch mit cremiger Polenta ___ 78
Polentaknödel mit Gemüsefülle und Knusperspeck ___ 79
Kürbis-Polenta-Auflauf ___ 80
Sterzwurst in Kürbiskern-panier ___ 81
Käsepolenta auf Paradeiser-Zucchini-Gemüse ___ 82
Polentanocken mit Käse überbacken ___ 83
Kaninchen mit Apfelmost, Jung-zwiebeln und Polentanockerln ___ 84
Polentakugeln auf Paradeisersauce ___ 85

POLENTA AUF ITALIENISCHE ART UND INTERNATIONALE SPEZIALITÄTEN ___ 86
Polenta-Grundrezept ___ 87
Römische Krusteln ___ 88
Erdäpfelpolenta ___ 88
Polentagratin mit Frühlingszwiebeln und Gorgonzola ___ 89
Polenta alla griglia (Gegrillte Polenta mit Spiegelei) ___ 90
Tischpolenta ___ 90
Italienische Polentapizza ___ 91
Gnocchi di polenta al gorgonzola (Nockerl aus Maisgrieß mit Gorgonzola) ___ 92
Polenta alla pancetta ___ 92
Polenta nach Lasagne-Art ___ 93
Maisbrot ___ 94
Maisbrot II ___ 94
Gekochte oder gegrillte Maiskolben ___ 94
Maismehlgarnica (Rumänien) ___ 96
Mohngarnica (Rumänien) ___ 96
Mamaliga (Rumänisches Nationalgericht) ___ 96
Ukrainische Mamalyga ___ 97

SÜSSE POLENTA-GERICHTE ___ 98
Süße Polentacreme ___ 99
Polentapudding mit Früchten der Saison ___ 99
Süße Polenta mit Früchten ___ 100
Topfenknödel mit Maisgrieß ___ 102
Gebratene Polentascheiben mit Zucker und Zimt ___ 102
Polentaknödel auf Vanillesauce ___ 102
Maisgrießsoufflé mit frischen Feigen ___ 103
Süßer Maisgrießauflauf ___ 104
Sterzauflauf mit Fruchtsauce ___ 105
Polenta-Topfen-Auflauf mit Karamellbirnen ___ 106
Maisgrießparfait mit Beerensauce ___ 108
Süßer Maisgrießbrei ___ 108
Sterz- oder Grießflammeri ___ 109
Gebratene Polenta mit Rhabarberkompott ___ 110
Polenta mit Äpfeln ___ 110
Pflaumen-Ringlotten-Polenta-Strudel ___ 111
Polenta mit Mandelhaube ___ 112
Himbeerstrudel mit Sterz ___ 114
Gebackene Polentanudeln mit Glühwein ___ 114
Birnen-Maisgrieß-Rührkuchen ___ 116
Polenta-Apfel-Schmarren ___ 118
Zwetschken-Maisgrieß-Auflauf ___ 119
Polentaschmarren ___ 120
Polentaauflauf mit Schneehaube ___ 121
Apfel-Polenta-Torte ___ 122

Über den Autor ___ 123
Rezeptregister ___ 124

GLOSSAR

Eidotter	Eigelb
Eierschwammerl	Pfifferlinge
Eiklar	Eiweiß
Erdäpfel	Kartoffeln
Faschiertes	Hackfleisch
Fleischer	Metzger
Germ	Hefe
Grammeln	Grieben
Heidenmehl	Buchweizenmehl
Hendl	Hühnchen
Hendlhaxen	Hühnerkeulen
Kletzen	Dörrbirnen
Kraut	Kohl
Lauch	Porree
Marmelade	Konfitüre
Obers	süße Sahne
Palatschinken	Pfannkuchen
Paradeiser	Tomaten
Plent'n	Dialektbezeichnung für Polenta
Polenta	Brei aus Maisgrieß, Maismehl
Polentagrieß	Maisgrieß
Polentamehl	Maismehl
Reibeisen	Küchenreibe
reiben	raspeln
Ribiseln	Johannisbeeren
Rohr	Backofen
Sauerrahm	saure Sahne
Schlögel	Keule
Schmalz	Schweinefett
Schmarren- oder Bratenschaufel	Pfannenwender, Küchenfreund
Schöpfer	Suppenkelle
Schwammerl	Pilze
Semmelbrösel	Paniermehl
Sterzmehl	Maismehl
Topfen	Quark
Verhackert	Brotaufstrich aus geräuchertem, klein gehacktem Speck
Woaz	Dialektbezeichnung für Mais
Zwetschke	Zwetschge

STERZOLOGIE

Im Dialekt klingen die Bezeichnungen der einzelnen Sterz- und Polentagerichte folgendermaßen (das „v" wird als kurzes, nicht sehr hell klingendes „a" ausgesprochen).

astruv(b)mštez (Erdrübensterz) = Erdäpfelsterz, auch evdäipflstevz
brã(n)schtelv = Brandsteller, angebrannter Kukuruzsterz
brãinštevz = Brennsterz; glundnv = gelundener Brennsterz: das Mehl wird ohne Fett gelunden (geröstet)
braištaz = Breinsterz, Sterz aus Hirsebrei
fv'hairvtetv štez = verheirateter Sterz, Sterz halb mit Mehl, halb mit Erdäpfeln; auch hairvstevz
glundnv štaz = gelundener Sterz: Roggen oder Weizensterz. Das Mehl wird ohne Fettzugabe geröstet (gelunden), nach Aufgießen mit Wasser quellen lassen, dann mit Grammelfett oder Butterschmalz abschmalzen
häifnštevz = Häfensterz: Weizenmehl in einem Klumpen in siedendem Wasser kochen, zerbröckeln, ausquellen lassen, abschmalzen; auch wovzenv stevz hairvtstevz, siehe fv'hairvtetv štez
hobvštez = Hafersterz, Sterz aus Hafermehl
hov(d)nštaz = Heidensterz, Sterz aus Heidenmehl, Buchweizenmehl
kranest = Kräh(en)nest, Hafersterz, der in einer tiefen Schüssel angerichtet wird. In die Mitte eine Grube drücken und viel Butterschmalz hineingeben.
pfÿun'štez = Pfannsterz, Schmarrenteig ins heiße Fett schütten, zerbröckeln, nicht süßen, dazu Salat reichen
roggnštaz = Roggensterz, Sterz aus Roggenmehl
ruv(b)nštaz = Rübensterz, Erdäpfelsterz
ruv(b)m = Erdäpfel
štaz, štez = Sterz
trgeschv števz = Erdäpfelsterz, auch astruv(b)mstez
wovzenv števz = Weizensterz, Sterz aus Weizenmehl

ABKÜRZUNGEN

EL	Esslöffel
F. i. Tr.	Fett in der Trockenmasse
g	Gramm
kg	Kilogramm
l	Liter
ml	Milliliter
Msp.	Messerspitze
Pkg.	Packung
TL	Teelöffel

VORWORT

Das vorliegende Buch ist kein gewöhnliches Kochbuch. Neben alten, ja sogar uralten Rezepten, die noch von unseren Großeltern bzw. Urgroßeltern stammen, finden Sie in diesem Kochbuch auch neue Sterz- und Polentagerichte, die in der modernen Küche der heutigen Zeit ihren Platz gefunden haben und als Teil der heimischen Kulinarik nicht mehr wegzudenken sind. Natürliche Lebensweise und gute Hausmannskost waren früher selbstverständlich. Dieses Kochbuch soll eine Anregung sein, auf Traditionen zurückzugreifen, alte Sterz- und Polentarezepte auszuprobieren und neue Rezepte in die heutige Alltagsküche einfließen zu lassen. Ich hoffe, dass die von mir gesammelten Rezepte Ihnen als Grundlage dienen, um eigene Ideen zu verwirklichen.

In diesem Sinne wünsche ich Ihnen viel Spaß beim Schmökern in diesem Kochbuch, viel Freude beim Ausprobieren der Rezepte und vor allem einen guten Appetit!

Herbert Paukert
Sommer 2016

GELEITWORT

von „Sterzbotschafter" Willi Haider

„Nach 18 Mal Sterz ist die Woche aus", besagte ein altsteirisches Holzknecht-Sprichwort. Es bedeutete, dass ein Holzknecht früher drei Mal täglich Sterz zu sich nehmen musste, um seinen Energiebedarf zu decken. Heute braucht man die Energie eher im sportlichen Bereich, weshalb vor allem die Jugend die zahlreichen schmackhaften „Sterzspezialitäten" als willkommenen Energiespender wiederentdeckt hat! Für mich gehört der Sterz bzw. das Heiden- und auch Maismehl (Polenta oder auch Kukuruz) genauso zur steirischen Küche wie der Kürbis und das Kernöl.

Gab es früher eher einfache, aber doch recht kalorienreiche „abgeschmalzene" Sterzvarianten, so finden wir heute wieder vermehrt eine große Anzahl an leichten, kreativen und sehr bekömmlichen Speisen aus Heiden- oder Maismehl, von der Zwischenspeise bzw. Beilage bis zur Nachspeise am heimischen Herd und in der Gastronomie!

Sowohl der Buchweizen für das Heidenmehl als auch der Mais für das Sterzmehl kommen im Idealfall aus heimischem Anbau, sind grundsätzlich glutenfrei und somit für die Zubereitung einer Schonkost geeignet. Die Mehle können jedoch durch die in der Mühle gemeinsame Verarbeitung mit anderen Getreideprodukten Spuren von Gluten beinhalten.

Gutes Gelingen
und „sterzhafte Grüße"
Ihr Willi Haider

EINLEITUNG

Der Sterz – es gibt nichts Besseres auf der Welt!

STERZ/TOMMERL/KOCH

Sterz, Tommerl und Koch sind Speisen, die aus der steirischen Küche nicht wegzudenken sind. Die Zubereitungsarten sind in jeder Region verschieden. Das Wort „Sterz“ bedeutet eigentlich „aufragend“. Gemeint sind aus der Form gestürzte Speisen, die vom Teller aufragen. Wann nun die Bezeichnung Sterz, Tommerl oder Koch zutrifft, lässt sich daher nicht genau definieren — weil auch die Namen für gewisse Speisen regional ebenso unterschiedlich sind wie deren Zubereitung. Hinsichtlich der Zubereitung können wir **drei Arten** unterscheiden:

- Den Nigel, auch Schöberl genannt. Diese Bezeichnung hat sich für den in einem Schnellsieder (Stielkasserolle) in Schmalz zubereiteten Sterz eingebürgert.
- Den Ofensterz, auch Tommerl genannt. Dabei werden Mehl und andere Zutaten kalt angerührt und im Backofen (Rohr) gegart.
- Das Koch, wie schon das Wort sagt, ist eine gekochte Speise, wobei das Mehl in Milch oder Wasser unter ständigem Rühren dick eingekocht wird.

STERZ & POLENTA – EINST & HEUTE

Die Steiermark war bis vor nicht allzu langer Zeit ein ausgesprochenes Sterzland. Sterze aller Art waren in vielen Gegenden vom Frühstück bis zum Nachtmahl die Hauptgrundlage der bäuerlichen Alltagskost. Hirse, Gerste, Roggen und Weizen wurden schließlich schon früh angebaut. Hafer gedieh vorerst als Unkraut auf Gersten- und Weizenfeldern und wurde erst später als Einzelgetreide kultiviert. Buchweizen wurde im 15. Jahrhundert als Zweitfrucht für magere Böden eingeführt und ist seither eng mit der steirischen Küche verbunden. Buchweizen- bzw. Heidenmehl wird für zahlreiche Sterzzubereitungen, aber auch für Torten, Knödel oder Nockerl verwendet. Vermischt mit Weizenmehl eignet es sich sehr gut für Palatschinken, Dalken oder die russischen Blini. Die Tiroler und Südtiroler verwöhnen mit ihren „Schwarzplentenspeisen“.

Buchweizen ist ebenso wie Mais glutenfrei und besonders mineralstoffreich. Er enthält reichlich Kalzium, Eisen, Kalium und Magnesium, viele Vitamine sowie essenzielle Aminosäuren.

Mais, ursprünglich nur in Mittelamerika verbreitet, kam nach der Entdeckung Amerikas als Feldfrucht nach Europa, wurde aber erst ab dem 18. Jahrhundert vermehrt angebaut. Heutzutage ist er in allen warmen Gebieten Europas, besonders in Rumänien und Italien, aber auch in Süddeutschland und Österreich heimisch. Die Pflanze wird bis zu 3 m hoch, aus der Blüte entwickeln sich die Kolben mit den zahlreichen, fest aneinandersitzenden Körnern. Es gibt großkörnige Sorten wie den ungarischen Mais und den Donau-

Zan an Fruasti a milchets Ko(c)h,
Na, für'n Winta tat's as no(c)h.
s'Dröschn geat fraili schwa(r),
s'wit da Mogn z'schnell la(r).

Kirnt oba da stockat Sta(r)z,
Mein, do locht ma's Ha(r)z,
A Kruag vull Schilawein –
Af da Welt kann nix besser sein.

mais, aber auch kleinkörnige wie italienischen Mais und Perlmais. Der kleine, fünfeckige Cinzunatin der südlichen Alpenländer liefert den besten Mais für Polenta.

In der Steiermark wurde der Mais zunächst als „türkischer Weizen" bezeichnet. Bald darauf trat dann der „türkische Sterz" aus Maisgrieß, zu gesüßtem Kaffee auch heute noch sehr beliebt, als indirekte Konkurrenz zum alteingesessenen Sterz in Erscheinung und bereicherte die Speisepläne. Rund 70 „sterzige" Variationen aus verschiedenen Getreidearten und mit diversen Zutaten kennt man in der Steiermark. Heute werden verschiedenste Maisgrieß- bzw. Polentagerichte als steirische Spezialität selbst in Nobelrestaurants angeboten. Auf vielen Speisekarten findet man Köstlichkeiten verschiedenster Art, z. B. als Einlage für die Rindsuppe, als Beilage, Hauptspeise oder gar als Dessert. Das in den vergangenen Jahrzehnten zwischenzeitlich verschmähte „Arme-Leute-Gericht" mauserte sich wieder zum fast schon exklusiven Schmankerl für Feinschmecker.

STERZ-GERICHTE

Häfensterz
mit saurer Milch

HÄFENSTERZ
mit saurer Milch

ZUTATEN FÜR 8 PERSONEN

3 l Wasser
Salz
1 kg Mehl
2–3 EL Butter
oder Schmalz

ZUBEREITUNG

1 Das Salzwasser zum Kochen bringen, Mehl hinzufügen, kurz kochen lassen und mit der Gabel umrühren, dann das Wasser abgießen.

2 Butter oder Schmalz erhitzen und darübergießen, nochmals verrühren.

Tipp

Den Häfensterz mit saurer Milch anrichten.

STERZ
(Grundrezept)

ZUTATEN

400 g Getreidemehl
(alle Sorten, z. B. Weizen-, Roggen-, Buchweizen-, Dinkel- oder Maismehl)
Salz
ca. 1 l heißes Wasser
ca. 50 g Butter

ZUBEREITUNG

1 Das Mehl (es sollte möglichst grob gemahlen sein) in einer heißen Eisenpfanne „linden" (= trocken anrösten, bis es einen feinen Duft annimmt), salzen und mit siedend heißem Wasser aufgießen (so viel Wasser zugießen, wie das Mehl annimmt — nicht zu viel, denn sonst wird der Sterz patzig).

2 10–15 Minuten zugedeckt dünsten und aufpassen, dass es nicht anbrennt.

3 In der Mitte eine Grube machen und dort bei Bedarf immer wieder Wasser nachgießen, eventuell ein Stück Butter in diese Grube geben.

4 Vor dem Essen gut durchgabeln und eventuell noch etwas Butter unterrühren.

BRENNSTERZ

ZUTATEN

400 g Roggen- oder dunkles Weizenmehl
1 TL Salz
knapp 500 ml Wasser
50 g Schmalz

ZUBEREITUNG

1 Das Mehl und Salz in eine Schüssel geben, mit kochendem Salzwasser übergießen und alles rasch durchrühren.

2 Diesen Teig in eine Pfanne in erhitztes Fett geben, etwas anbraten, mit der Schmarrenschaufel zu kleinen Stückchen zerteilen und gut durchrösten.

STERZ
aus Getreideschrot

ZUTATEN
300 g Hafer
50 g Hirse
50 g Weizen
750 ml Wasser
½ TL Salz
½ TL Zimt
1 EL Honig
50 g Walnüsse, gerieben

ZUBEREITUNG

1 Hafer grob, Hirse und Weizen mittelfein schroten. In das kochende Salzwasser den Schrot langsam einlaufen und bei schwacher Hitze ca. 30 Minuten ausdünsten lassen.

2 Dann mit Zimt und Honig würzen und den Sterz mit einer Gabel auflockern.

3 Anrichten und mit geriebenen Nüssen bestreuen.

Tipp

Dazu passen am besten Kompott oder Milch.

»TÜRKEN«-STERZ
geröstet

ZUTATEN
250 g Maisgrieß
50 g Fett
500 ml Wasser
Salz

ZUBEREITUNG

1 Den Maisgrieß im heißen Fett so lange rösten, bis er heiß ist.

2 Dann mit kochendem, gesalzenem Wasser aufgießen, zudecken und bei ganz geringer Hitze ca. 20 Minuten quellen lassen, anschließend mit einer Gabel auflockern.

POLENTASTERZ
mit Grammeln

ZUTATEN
1 l Milch
1 gestrichener EL Salz
100 g Butter (oder Öl)
400 g Polentagrieß
100 g Grammeln (oder Speckwürfel)

ZUBEREITUNG

1 Die gesalzene Milch mit der Butter zum Kochen bringen, den Polentagrieß einkochen und dünsten.

2 Vor dem Anrichten mit der Gabel auflockern und mit angerösteten Grammeln (oder fein geschnittenen Speckwürfeln) auftischen.

Info

Im Friulanischen galt das richtige Polentakochen als Prüfstein für die Kochkunst einer Braut. Und heute heißt es noch in Tirol: Knödl, Nudl, Muas und Plenten (von Polenta) sind die vier Tiroler Elementen.

Polentasterz
mit Grammeln

MAISSTERZ *mit Schwammerln*

ZUTATEN

500 ml Wasser
250 ml Obers
250 g Maisgrieß
1 Zwiebel • 1 grüne Paprikaschote • 100 g Eierschwammerl (oder Champignons oder Steinpilze) • 1 EL Butter
Thymian, Majoran, Petersilie
Salz

ZUBEREITUNG

1 Wasser zum Kochen bringen, Obers dazugießen und unter ständigem Rühren den Maisgrieß einkochen, dann ca. 8–10 Minuten aufkochen lassen, bis eine Masse entsteht, die beim Anrichten auf dem Teller noch leicht auseinanderfließt.

2 Zwiebel und Paprikaschote klein würfelig, Schwammerl blättrig schneiden und in etwas Butter kurz andünsten, fein gehackte Gewürze und Salz dazugeben.

3 Zuerst den Maisgrieß auf die Teller geben, dann einen Schöpfer Schwammerl-Paprikaschoten-Mischung daraufgeben.

RIEBEL *(Maissterz)*

Rezept von der Urahn, anno 1879

ZUTATEN

500 ml Milch
Salz
50 g Butter
160 g Maisgrieß
Butter zum Braten

ZUBEREITUNG

1 In die kochende Milch Salz und Butter geben, dann den Maisgrieß hinzufügen und rühren, bis sich der Brei von dem Gefäß löst.

2 Den Brei überkühlen lassen, indessen in einer Pfanne Butter erhitzen, den Brei löffelweise in die Pfanne geben und mit zwei Gabeln zerkleinern, gut durchrösten.

Tipp

Ausreichend Fett zugeben, sonst wird der Riebel sehr trocken.

RIEBELSTERZ *mit Erdäpfeln*

Rezept aus Vorarlberg

ZUTATEN

500 g Erdäpfel • 375 ml Milch • 125 ml Wasser
Salz • etwas Butterschmalz
180 g Weizengrieß
180 g Maisgrieß • Pfeffer

Tipp

Dazu serviert man am besten Salat oder Suppe. Riebelsterz schmeckt auch ohne Erdäpfel sehr gut.

ZUBEREITUNG

1 Die Erdäpfel in der Schale kochen, abseihen und zugedeckt ziehen lassen.

2 Für den Riebelsterz Milch, Wasser und Salz verrühren und mit 2 EL Butterschmalz in einer Pfanne aufkochen.

3 Weizen- und Maisgrieß mischen und zügig in die heiße Milch einrühren. Unter ständigem Rühren so lange kochen, bis sich der Brei vom Pfannenboden löst.

4 Den Grießbrei in der Pfanne goldgelb rösten, die sich bildende Kruste immer wieder mit einer Bratenschaufel lösen, größere Klumpen zerteilen. Während des Bratens eventuell noch ein wenig Butterschmalz zugeben.

5 Die Erdäpfel schälen und auf der groben Seite eines Reibeisens raspeln, in wenig Butterschmalz goldbraun rösten und salzen.

6 Den fertigen Riebel und die Erdäpfel vermischen, eventuell noch mit Salz und Pfeffer nachwürzen und anrichten.

Riebelsterz
mit Erdäpfeln

POLENTASTERZ als Beilage

ZUTATEN
500 ml Wasser • Salz
170 g Polentamehl
geriebene Muskatnuss
Butter • Petersilie

Tipp
Gut schmeckt zum Polentasterz Milchkaffee!

ZUBEREITUNG

1 Das Wasser zum Kochen bringen, salzen und das Polentamehl einrühren, einige Male umrühren und ausdünsten lassen.

2 Mit einem nassen Löffel Nockerl ausstechen (oder den Sterz auf ein Brett streichen, fest werden lassen und in Würfel schneiden).

3 Nockerl (bzw. Würfel) auf ein Backblech legen, mit geriebener Muskatnuss bestreuen, kurz überbacken und mit gehackter Petersilie bestreut als Beilage zu Fleischspeisen anrichten.

BREINSTERZ

ZUTATEN
300 g Hirse
500 ml Wasser
½ TL Salz
50 g Butter oder
Grammelschmalz

ZUBEREITUNG

1 Die Hirse (in manchen Gegenden als „Brein" bezeichnet) in kochendes Salzwasser einrühren und bei schwacher Hitze ausdünsten.

2 Dann heiße Butter oder Grammelschmalz einrühren und den Sterz mit einer Gabel auflockern (zerbröseln).

I koch enk in der Milch an Brein und werf' a Stuckert Butter drein oder i koch dir an Sterz, sag nur, wie's dir ist umb's Herz.

GERSTENSTERZ

ZUTATEN
400 g grobes Gerstenmehl
750 ml Wasser
1 TL Salz
4 EL Öl

ZUBEREITUNG

1 Das Mehl bei schwacher Hitze so lange rösten, bis kein Wasserdampf mehr aufsteigt.

2 Unter ständigem Umrühren mit einer Gabel langsam kochendes Salzwasser zugießen, bis lauter kleine Teigklümpchen entstehen.

3 Mit der Gabel das heiße Öl einrühren und den Sterz auf der ausgeschalteten Herdplatte ausdünsten lassen.

HALBSTERZ

ZUTATEN

600 g Erdäpfel
1 EL Salz
Wasser
600 g Mehl
Fett
2 Jungzwiebeln

Tipp

Dazu Milchsuppe oder Salat reichen.

ZUBEREITUNG

1 Die Erdäpfel schälen, vierteln, in einen größeren Topf geben, salzen und so viel Wasser hineingießen, bis die Erdäpfel bedeckt sind, dann das Mehl darübergeben. Das Ganze ohne Umrühren kochen, bis die Erdäpfel weich sind (ca. 30 Minuten). Danach das restliche Wasser vorsichtig abgießen und Erdäpfel und Mehl gut durchmischen.

2 In einer Pfanne Fett erhitzen und mit einem Löffel den Sterz nach und nach ins Fett geben, bis der Pfannenboden bedeckt ist. Den Löffel immer wieder in heißes Fett tauchen, damit nichts kleben bleibt. Den Sterz so lange im Fett rösten, bis sich auf der unteren Seite Krusten gebildet haben, dann umdrehen und weiterrösten, eventuell Fett nachgeben.

3 In einer anderen Pfanne in heißem Fett die in Ringe geschnittenen Jungzwiebeln rösten und über den Sterz geben.

SAUERBRUNNER BOHNENSTERZ

ZUTATEN

750 g weiße Bohnen
Salz
500 g Weizenmehl
100 g Selchspeck
150 g Schmalz
1–2 Zwiebeln

Tipp

Zum Sauerbrunner Bohnensterz Sauerrahm oder Milch servieren.

ZUBEREITUNG

1 Die über Nacht eingeweichten Bohnen mit frischem Wasser und Salz weich kochen, wenn die Bohnen fertig gekocht sind, nur so viel Kochwasser abseihen, dass Bohnen und Kochwasser gleich hoch stehen.

2 Inzwischen das Mehl trocken erhitzen (linden), die Bohnen samt Kochwasser dazugießen und langsam weiterkochen, wobei man anfangs öfter das Mehl durchstechen soll, damit das Bohnenwasser nach und nach das trockene Mehl durchdringt. Schließlich muss das Ganze klumpig sein, darf aber nicht patzig werden.

3 Den kleinwürfelig geschnittenen Selchspeck in Schmalz hell rösten, die Bohnen-Mehl-Masse darüber verteilen und bei geringer Hitze unter öfterem Durchschaufeln und Zerstechen zugedeckt ausdünsten lassen (teilweise auch Krusten bilden lassen).

4 Den Sterz locker gehäuft mit in Fett gerösteten Zwiebelringen anrichten.

ERDÄPFELSTERZ

ZUTATEN

500 g Erdäpfel
Salz
120 g Mehl (Weizenmehl)
120 g Butterschmalz
125 ml Milch
Butter zum Beträufeln

ZUBEREITUNG

1 Die gekochten, geschälten Erdäpfel heiß mit dem Stampfer zerkleinern oder mit einer Gabel zerdrücken und salzen, mit dem Mehl zu einer bröseligen, lockeren Masse vermischen.

2 In einer Pfanne Butterschmalz erhitzen, die Erdäpfelmasse hineingeben und bei guter Hitze unter öfterem Auflockern im Backofen ca. 30 Minuten backen.

3 Heiße Milch darübergießen und weiterbacken, bis keine Flüssigkeit mehr zu sehen ist, nochmals durchlockern, mit heißer Butter beträufeln und noch kurz durchziehen lassen.

TOPFENSTERZ

ZUTATEN

300 g Weizenmehl oder dunkles Mehl
300 g Topfen
Salz
3 EL Schmalz oder Öl

ZUBEREITUNG

1 Das Mehl mit dem Topfen gut abbröseln, salzen und ungefähr 10 Minuten stehen lassen.

2 Dann die Mehl-Topfen-Mischung linden (= trocken erhitzen), bis die Mischung hellgelb wird, reichlich Schmalz dazugeben und so lange rösten, bis der Sterz bröselig ist.

Topfensterz

BETTLERSTERZ I

ZUTATEN
250 g Mehl
250 ml Wasser
Salz
50 g Fett
400 g Erdäpfel

ZUBEREITUNG

1 Aus Mehl, Wasser, Salz und Fett einen Brennsterz herstellen (siehe S. 11).

2 Die Erdäpfel kochen, schälen und blättrig schneiden, Erdäpfelscheiben unter den Brennsterz mischen und beides gut durchrösten.

BETTLERSTERZ II

ZUTATEN
350 g Erdäpfel
200 g Mehl
Salz
2 Eier
125 ml Milch

ZUBEREITUNG

1 Die gekochten, geschälten und blättrig geschnittenen Erdäpfel in eine Pfanne geben, darüber den Teig aus Mehl, Salz, Eiern und Milch schütten.

2 Alles miteinander gut durchrösten.

Auf manchen Höfen in der Oststeiermark erfolgte das „Woaz-Schälen" lange Zeit händisch.

HOLZKNECHTSTERZ

ZUTATEN

800 g mehlige Erdäpfel
150 g Fett
200 g Weizenmehl
200 g Dinkelvollmehl
375 ml Wasser
1 TL Salz

ZUBEREITUNG

1 Die Erdäpfel schälen, in ½ cm dicke Scheiben schneiden, in einer Pfanne im heißen Fett halb durchbacken.

2 Mehl, Wasser und Salz zu einem weichen Nockerlteig verrühren, über die Erdäpfelscheiben geben, einige Minuten zugedeckt dünsten lassen und dann mit einer Schmarrenschaufel den Sterz ca. 15 Minuten zerstoßen, bis er fein bröselig ist.

SCHWAMMERLSTERZ

ZUTATEN

500 g Eierschwammerl
1 EL Butter
4 EL Grieß
500 ml Milch • Salz

ZUBEREITUNG

1 Die geputzten und gewaschenen Eierschwammerl zerkleinern und in Butter halbweich dünsten.

2 Den Grieß untermengen. Mit Milch aufgießen, salzen und im Backofen fertig dünsten.

STEIRISCHER SCHWAMMERLSTERZ

ZUTATEN

250 ml Milch
100 g Weizengrieß
2 Eier
400 g Eierschwammerl
½ Zwiebel
1 EL Butterschmalz
Salz und Pfeffer
1 EL Petersilie, fein geschnitten

ZUBEREITUNG

1 Die Milch in einem Topf aufkochen, den Grieß einrühren, noch einmal aufkochen und danach zugedeckt auskühlen lassen, die Eier in den ausgekühlten Weizengrieß einrühren.

2 Die Eierschwammerl putzen, größere Schwammerl vierteln, kleinere halbieren. Die Zwiebel putzen und fein schneiden.

3 Butterschmalz in einer Bratpfanne erhitzen, die klein geschnittene Zwiebel und die geputzten, in mundgerechte Stücke geschnittenen Schwammerl darin kurz anrösten.

4 Danach die Grießmasse zugeben und gut durchrösten, mit Salz und Pfeffer würzen, abschmecken und vor dem Servieren mit Petersilie bestreuen.

STEIRISCHER GRIESSSTERZ

ZUTATEN

500 g Weizengrieß
150 g Schweineschmalz
Salz
150 ml Milch
200 g Bauchspeck

ZUBEREITUNG

1 Den Grieß in Schweineschmalz rösten, salzen, mit Milch aufgießen und einige Minuten quellen lassen.

2 Danach im Backofen bei 160 °C etwa 20 Minuten fertig backen (in einer feuerfesten Form).

3 Den Speck in Würfel schneiden, in einer Pfanne anbraten und unter den fertigen Grießsterz rühren. Auf einem Teller gefällig anrichten.

Tipp

Dazu passt grüner Salat sehr gut.

GRIESSSTERZ

ZUTATEN

400 g Weizengrieß
750 ml Wasser
1 TL Salz
50 g Schweineschmalz

ZUBEREITUNG

1 Den Grieß trocken rösten, mit Wasser aufgießen, Salz und Fett dazugeben.

2 Bei schwacher Hitze auf der Herdplatte oder im Backrohr bei 180 °C ausdünsten lassen, anschließend mit der Gabel zerkrümeln.

Tipp

Dazu kann man Milch oder Kaffee, aber auch Schwammerl- oder Zwetschkensauce essen.

GERSTEN-BOHNEN-STERZ

ZUTATEN

200 g Bohnen
1 l Wasser
1 Lorbeerblatt
½ TL Bohnenkraut
200 g grobes Gerstenmehl
1 TL Salz
4 EL Öl

ZUBEREITUNG

1 Die Bohnen über Nacht einweichen, dann in 1 l Wasser mit den Gewürzen gar kochen und zerstampfen.

2 Das Gerstenmehl kurz trocken rösten und mit einer Gabel ins Bohnenmus einrühren, den Sterz salzen, mit Öl vermengen und noch 15 Minuten ausdünsten.

Tipp

Dazu schmecken Sauerkraut, frische Salate oder auch Milch.

HEIDENSTERZ II

ZUTATEN

300 g Heidenmehl
1,5 l Wasser
½ TL Salz
100 g Speck
(oder 50 g Schweineschmalz und 50 g Grammeln)

ZUBEREITUNG

1 Das Heidenmehl in kochendes Salzwasser schütten, aber nicht umrühren. Es bildet sich ein Knödel, den man ca. 10 Minuten kochen lässt. Dann in der Mitte mit dem Kochlöffelstiel ein Loch machen und den Mehlklumpen noch weitere 10 Minuten kochen lassen.

2 Das überflüssige Wasser abschütten, den Knödel mit einer Gabel fein zerkrümeln und den gerösteten Speck (oder heißes Fett und Grammeln) darübergeben.

HEIDEN-(BUCHWEIZEN-)STERZ

ZUTATEN

400 g grobes Heidenmehl
500 ml Wasser
1 TL Salz
50 g Butter
(oder 4 EL Öl)

ZUBEREITUNG

1 Das Heidenmehl bei schwacher Hitze so lange trocken rösten, bis kein Wasserdampf mehr aufsteigt. In einem Topf das Salzwasser zum Sieden bringen, das Mehl auf einmal dazuschütten und kurz überkochen lassen.

2 Den Sterz mit der Gabel auflockern und auf der ausgeschalteten Herdplatte noch 10 Minuten ausdünsten lassen.

3 Vor dem Anrichten kann man den Sterz mit geschmolzener Butter oder heißem Öl übergießen.

Tipp

Wenn das Heidenmehl sehr fein gemahlen ist, nimmt man ungefähr 125 ml Wasser weniger.

SÜSSE STERZE

Topfenriebel
mit Holundermus

TOPFENRIEBEL
mit Holundermus

ZUTATEN FÜR 4 PORTIONEN

RIEBEL
500 g Bröseltopfen
1 Prise Salz
300 g Mehl
120 g Butter
Staubzucker und Zimt

HOLUNDERMUS
200 g Holunderbeeren
120 ml Wasser
80 g Zucker
1 Zimtstange

ZUBEREITUNG

1 Für den Riebel den Bröseltopfen in eine Schüssel geben, Salz und Mehl mit einer Gabel untermengen.

2 Die Hälfte der Butter in einer Pfanne zergehen lassen, die Hälfte der Topfenmasse hineingeben und goldbraun durchrösten, warm stellen und mit der restlichen Topfenmasse den Vorgang wiederholen.

3 Für das Holundermus die Holunderbeeren waschen, abrebeln und in einem Topf mit Wasser, Zucker und Zimtstange 5 Minuten köcheln lassen.

4 Die Zimtstange entfernen, die Holunderbeeren mit dem Stabmixer pürieren.

5 Den Topfenriebel mit Staubzucker und Zimt bestreuen und mit Holundermus anrichten.

»VERHEIRATETER« STERZ

ZUTATEN

500 g Äpfel
1 l Wasser
1 Msp. Salz
400 g Polentamehl
2 EL Butter

ZUBEREITUNG

1 Die geschälten, klein geschnittenen Äpfel weich kochen, dann in einem Topf Wasser zum Sieden bringen, Salz dazugeben.

2 Das Polentamehl einrühren, die Äpfel untermischen und weiterköcheln lassen. Dann Butter zerlassen, zum Sterz geben und gut verrühren, bis der Sterz fertig ist.

Tipp

Dazu passt Milch gut, auch Apfelkompott kann man noch zusätzlich reichen.

ÖLSTERZ

ZUTATEN

250 g Heidenmehl
½ TL Salz
kaltes Wasser
1 EL Öl
500 g Äpfel

ZUBEREITUNG

1 Das Heidenmehl mit Salz und so viel Wasser abquirlen, dass ein dünnflüssiger Teig entsteht.

2 Auf ein Backblech Öl streichen, das Rohr vorheizen, das Öl heiß werden lassen und den Teig daraufgeben. Die geschälten und in Spalten geschnittenen Äpfel darauflegen.

3 Bei 180 °C ca. 30 Minuten backen.

GRIESSSTERZ
mit Zwetschkenröster

ZUTATEN

GRIESSSTERZ
500 ml Milch
20 g Braunzucker
1 Msp. Zimtpulver
250 g Weizengrieß
15 g Butter
80 g Rosinen
40 g Walnüsse

ZWETSCHKENRÖSTER
200 g vollreife Zwetschken
125 ml Rotwein • 2 EL Honig
1 EL Zitronensaft
1 Zimtstange • ½ Vanillestange
3 Gewürznelken
Braunzucker zum Bestreuen

ZUBEREITUNG

1 Für den Sterz in einer Kasserolle die Milch zum Kochen bringen und Zucker und Zimt zugeben, den Grieß einrühren, aufkochen lassen und kalt stellen.

2 Die Butter erhitzen, die Grießmasse mit einer Gabel durchrühren und in die heiße Butter geben, Rosinen und klein gehackte Walnüsse zugeben, mit einem Holzlöffel gut durchrühren und leicht bräunen lassen.

3 Die Zwetschken waschen, entsteinen und halbieren, mit Rotwein, Honig, Zitronensaft und den Gewürzen verkochen lassen.

4 Den Grießsterz auf vorgewärmten Tellern oder in der Pfanne anrichten. Mit etwas Braunzucker bestreuen und mit Zwetschkenröster servieren.

SÜSSER POLENTASTERZ

ZUTATEN

750 ml Milch
1 Vanilleschote
100 g Kristallzucker
1 Prise Salz
250 g Maisgrieß
80 g Butter
geriebene Schale von 1 Zitrone
4 Eier
80 g Rosinen
20 ml Rum

Backpapier für die Form
Minzeblättchen und Kompottäpfel zum Garnieren
Staubzucker zum Bestreuen

ZUBEREITUNG

1 Die Milch mit der Vanilleschote (der Länge nach halbiert), der halben Menge des Zuckers und etwas Salz aufkochen lassen, den Maisgrieß einrühren, dick verkochen und erkalten lassen.

2 Die handwarme Butter mit der Zitronenschale sehr schaumig rühren, nach und nach die Eidotter beifügen und schaumig rühren, die Eiklar mit dem restlichen Zucker zu steifem Schnee schlagen.

3 Die Vanilleschote aus der Polentamasse nehmen, den Eidotterabtrieb zusammen mit den mit Rum beträufelten Rosinen und dem Eischnee unter die Polentamasse heben und alles in eine mit Backpapier ausgelegte Backform füllen.

4 Im auf 180 °C vorgeheizten Backrohr etwa 50 Minuten lang backen, danach in der Form erkalten lassen, erst dann aus der Form stürzen und das Papier abziehen.

5 Vor dem Servieren den Polentasterz in unregelmäßige Stücke schneiden und mit Kompottäpfeln und Minzeblättchen garnieren, zuletzt mit Staubzucker bestreuen.

BAGERSTERZ

ZUTATEN

500 g Weizengrieß
1 Prise Salz
150 g Schmalz
150 g Rosinen
ca. 750 ml Milch
Zucker

ZUBEREITUNG

1. Den gesalzenen Weizengrieß in heißem Schmalz gelb anlaufen lassen, die Rosinen dazustreuen und so viel kochende Milch dazugießen, dass der Grieß aufquellen kann.
2. Dann die Masse mit einer Gabel zu sterzartigen Brocken zerreißen und im Rohr überbacken.
3. Mit Zucker bestreut servieren.

Info

Dieser Sterz galt früher als traditionelles Hochzeitsessen. Jeder, der beim Hochzeitshaus vorbeikam, wurde mit diesem Sterz bewirtet. Selbst im Hut und in der Schürze trug man ihn nach Hause, um die ganze Familie an der Kraft dieser Kultspeise teilhaben zu lassen.

POLENTATOMMERL

ZUTATEN

750 ml Wasser oder Milch
300 g Maisgrieß
1 Ei
Salz
50 g Öl
1 kg Früchte oder Beeren nach Belieben
50 g Staubzucker

ZUBEREITUNG

1 In Wasser oder Milch den Maisgrieß mit Ei und Salz versprudeln und mehrere Stunden stehen lassen.

2 Eine Form mit Öl ausstreichen, die in Stücke geschnittenen Früchte (z. B. Äpfel, Zwetschken, Kirschen) oder Ribiseln, Heidelbeeren oder Himbeeren hineingeben, den Teig darübergießen und die Speise im Rohr backen.

3 Vor dem Anrichten den Tommerl aus der Form auf einen Teller oder eine Platte stürzen und mit Staubzucker bestreuen.

SUPPEN, SUPPENEINLAGEN & BEILAGEN

Mais-Safran-Suppe

MAIS-SAFRAN-SUPPE

ZUTATEN

1 Schalotte
Butter
1 Briefchen Safranpulver
750 g Maisgrieß
1,25 l Wasser
1 Zucchino
Salz und Pfeffer
Muskatnuss
einige Kerbelblättchen

ZUBEREITUNG

1 Die Schalotte in feine Würfelchen schneiden, in einem geeigneten Topf in wenig heißer Butter mit dem Safranpulver anschwitzen lassen, den Maisgrieß zugeben und kurz erhitzen.

2 Wasser zugeben, aufkochen und bei geringer Hitze etwa 15 Minuten leicht kochen lassen.

3 Den Zucchino in feine Würfel schneiden und diese kurz vor dem Servieren in die Suppe geben.

4 Die Suppe mit den Gewürzen abschmecken und in vorgewärmten Tellern mit den Kerbelblättchen garniert anrichten.

SCHWEIZER MAIS-MILCH-SUPPE

ZUTATEN

80 g Maisgrieß
250 ml Milch
750 ml Rindsuppe
Salz und weißer Pfeffer
3 EL geriebener würziger Hartkäse

ZUBEREITUNG

1 Den Maisgrieß mit lauwarmer Milch übergießen und 15 Minuten ruhen lassen, danach gut umrühren.

2 Die Suppe erhitzen, den gequollenen Mais mit dem Schneebesen einrühren und 30 Minuten köcheln lassen.

3 Die Suppe mit Salz und Pfeffer abschmecken und mit geriebenem Käse bestreut servieren.

MAISSUPPE

ZUTATEN

300 g Süßmais
500 ml Rindsuppe
375 ml Milch
Salz und weißer Pfeffer
1 ½ EL Maisstärke, in ein wenig Milch aufgelöst (oder 125 ml Obers)
3 Eidotter

ZUBEREITUNG

1 Die Maiskörner mit einem scharfen Messer rundum von den Kolben abschneiden (oder aus der Dose gießen). Die Hälfte davon mit dem Mixstab pürieren, die andere Hälfte nur mit einer Gabel grob zerdrücken.

2 Die Suppe erhitzen, den pürierten und zerdrückten Mais einrühren und so lange dämpfen, bis die Körner weich sind und bis das Püree möglichst viel Geschmack an die Suppe abgegeben hat.

3 Mit Milch aufgießen, mit Salz und Pfeffer würzen, dann mit Maisstärke (oder Obers) und Eidottern legieren.

Variante

Wenn die Zeit der ganz jungen Maiskolben gekommen ist, kann nach dem obigen Prinzip ebenfalls eine vorzügliche Suppe hergestellt werden. Dazu die zarten Spitzen vom Babymais in dünne Scheiben schneiden, vorerst beiseitelegen. Die gröberen Teile in der Bouillon weich kochen, mit dem Mixstab pürieren, die Suppe wieder erhitzen und darin die Babymais-Rädchen dämpfen. Zum Schluss Milch dazugießen, würzen und wie oben beschrieben legieren.

RINDSUPPE
mit Polenta-Speck-Nockerln

ZUTATEN FÜR 4 PORTIONEN

40 g durchzogener Frühstücksspeck
1 EL feinst gehackte Zwiebel
125 ml Milch
90 g Polentagrieß
1 kleines Ei
1 Prise Salz
1 l Rindsuppe
gehackte Petersilie zum Bestreuen

ZUBEREITUNG

1 Den Speck von der Schwarte schneiden und in kleine Würfel schneiden, danach in einer Kasserolle glasig anrösten, die Zwiebel beifügen und mitrösten.

2 Mit der Milch aufgießen, aufkochen lassen und den Polentagrieß einrühren, einige Minuten dick einkochen lassen, danach die Masse erkalten lassen.

3 Die Grießmasse mit Ei und Salz glatt vermengen, danach mit Hilfe zweier kleiner Löffel kleine Nockerl formen und in Salzwasser 10 Minuten köcheln lassen.

4 Die Nockerl in die heiße Rindsuppe einlegen und vor dem Servieren die Suppe mit Petersilie bestreuen.

Bin a lustiger Pua
is da Kaisa mei Hearr
und hiatz friss i dem Pau'r
ka Plentnmehl mear.

STERZSUPPE MIT LAUCH

ZUTATEN FÜR 2 PERSONEN

1 EL Butter • 1 Stange Lauch 40 g Sterzmehl • 500 ml Gemüsesuppe • 125 ml Obers Salz und weißer Pfeffer

ZUBEREITUNG

1 Die Butter in einem Kochtopf zerlassen, den fein geschnittenen Lauch darin anschwitzen.

2 Das Sterzmehl dazugeben und mit dem Gemüsefond aufgießen, auf kleiner Flamme ca. 30 Minuten köcheln lassen, öfters umrühren.

3 Zum Schluss Obers dazugeben und abschmecken.

POLENTANOCKERL

ZUTATEN

250 g Polentamehl
750 ml Wasser
Salz
1 EL Butter

ZUBEREITUNG

1 Polentamehl in kochendes Salzwasser geben und auf kleiner Flamme langsam (ca. 30 Minuten) ziehen lassen.

2 Die Masse mit Butter aufschlagen und zu Nockerln formen, solange sie noch ziemlich feucht ist.

Tipp

Diese Nockerl kann man als Beilage zu verschiedenen Gerichten servieren (zu Ragouts oder anderen Fleischspeisen schmecken sie besonders gut).

POLENTA-LAUCH-SUPPE

ZUTATEN
FÜR 3–4 PORTIONEN

1 kleine Stange Lauch
3 EL Butter
2 gestrichene EL Maismehl
0,75–1 l Wasser oder Suppe
125 ml Obers
Salz und Pfeffer aus der Mühle
Muskatnuss
1 EL gehackte Petersilie
4 EL Kürbiskernöl

ZUBEREITUNG

1. Den Lauch halbieren, waschen und in dünne Streifen schneiden.
2. In einer Pfanne 1 EL Butter aufschäumen lassen, den Lauch dazugeben und kurz anrösten.
3. Das Maismehl dazugeben, kurz weiterrösten, mit Wasser und Obers aufgießen, aufkochen und 4–6 Minuten köcheln lassen.
4. Mit einem Schneebesen die restliche Butter in die Suppe einrühren, mit Salz, Pfeffer und Muskatnuss abschmecken und mit Petersilie und Kürbiskernöl vollenden.

Tipp

Da sich Polenta je nach Sorte bzw. Marke beim Kochen manchmal unterschiedlich verhält, kann die in den Rezepten angegebene Wassermenge zum Aufkochen und Quellen etwas abweichen.

WOAZSCHNITTEN*
(Polentaschnitten)

ZUTATEN
1,25 l Wasser
etwas Salz
250 g Maisgrieß
Butter

Info
** „Woaz“ ist in einigen Regionen Österreichs die Dialektbezeichnung für Mais.*

ZUBEREITUNG

1 Das Salzwasser zum Kochen bringen und unter ständigem Rühren den Maisgrieß einlaufen lassen, bei mäßiger Hitze und unter weiterem Rühren den Maisgrieß dick verkochen lassen.

2 Den Brei vom Herd nehmen und zugedeckt etwas überkühlen lassen, dann auf ein feuchtes Brett stürzen, mit nassen Händen zu einer Rolle formen und diese gänzlich erkalten lassen, dann in Scheiben schneiden (oder auf dem Brett 2 cm dick aufstreichen, erkalten lassen und in Vierecke/Dreiecke schneiden).

3 Die Scheiben (oder Vierecke/Dreiecke) kurz in heißer Butter bräunen und sofort servieren.

Tipps
Passt gut als Beilage zu Fleischgerichten, Hendl, Wildgerichten oder Bratwürsten. Als Hauptgericht mit reichlich geriebenem Parmesan und Paradeisersauce servieren. Man kann die Hälfte des Maisgrießes auch durch Weizengrieß ersetzen, die Schnitten zuckern und dazu Kompott essen.

POLENTASCHEIBCHEN

ZUTATEN FÜR CA. 20 STÜCK
125 ml Milch
125 ml Hühnersuppe
120 g Maisgrieß
Salz und Pfeffer aus der Mühle
30 g Butter
1 EL Maizena (Maisstärke)
1 Ei
Öl zum Braten

ZUBEREITUNG

1 Die Milch und die Hühnersuppe gemeinsam aufkochen lassen, den Maisgrieß langsam einrühren und mindestens 5–7 Minuten köcheln lassen, danach mit Salz und Pfeffer würzen und die Butter zugeben, von der Kochstelle nehmen und die Masse auskühlen lassen.

2 Maizena in die Masse rühren, das Ei zugeben und mit einem Kochlöffel gut vermengen.

3 Aus der Polentamasse eine Rolle formen und diese mit einem Messer oder einer Palette in ca. 20 Scheibchen schneiden.

4 In einer Pfanne Öl erhitzen, die Scheibchen darin beidseitig kurz anbraten und danach im Backrohr fertig backen.

Tipp
Polentascheibchen können als Beilage, aber auch als kleines Gericht mit Paradeisersauce, Spinat oder Salat serviert werden.

PIKANTE POLENTAGERICHTE (HAUPTSPEISEN)

Pikante Sterzecken
mit Bauernschinken

PIKANTE STERZECKEN
mit Bauernschinken

ZUTATEN

STERZ
250 g Sterzmehl
500 ml Wasser • Salz

BELAG
1 Zwiebel • Petersilie
200 g Eierschwammerl
500 g Bauernschinken
1 Ei • Salz und Pfeffer • Senf
Sauerrahm zum Garnieren

ZUBEREITUNG

1 Das Sterzmehl in das kochende Salzwasser einlaufen lassen, köcheln und danach ausdünsten lassen.

2 Die überkühlte Polenta auf ein befettetes Backblech streichen.

3 Für den Belag 1 gehackte Zwiebel, Petersilie und klein geschnittene Eierschwammerl vermengen, den fein geschnittenen Schinken und das versprudelte Ei beigeben, mit Salz, Pfeffer und Senf abschmecken und auf die Sterzmasse streichen.

4 Im Backrohr ca. 30 Minuten bei 180 °C backen, danach in Ecken schneiden, mit einem Klecks Sauerrahm versehen und mit Salat servieren.

ÜBERBACKENE POLENTA

ZUTATEN

1 l Wasser
2 EL Butter
Kräutersalz
1 TL gemahlener Koriander
250 g Polentamehl
2 mittelgroße Zwiebeln
300 g Bergkäse oder Emmentaler

ZUBEREITUNG

1 Wasser mit Butter, Kräutersalz und gemahlenem Koriander aufkochen, Polentamehl einkochen und ausquellen lassen.

2 Die Polentamasse auf ein befettetes Backblech ca. 1 ½–2 cm dick aufstreichen.

3 Die Zwiebeln hacken und ohne Fett rösten, Bergkäse grob reiben und beides gleichmäßig auf der Polentamasse verteilen.

4 Im Backrohr bei starker Oberhitze auf der oberen Schiene goldbraun backen, in Schnitten schneiden und so servieren.

PFANNKÜCHLEIN
mit Maiskörnern und Pilzen

ZUTATEN

1 Ei
Salz
ca. 150 g Mehl
ca. 500 ml Milch
100 g Schwammerl
nach Belieben
Öl zum Anbraten
und Ausbacken
Salz und Pfeffer
Thymian und Majoran
1 Dose Maiskörner

ZUBEREITUNG

1 Ei und Salz verquirlen, Mehl und so viel Milch hinzufügen, dass ein dicker Palatschinkenteig entsteht.

2 Die Schwammerl in feine Streifen schneiden und in wenig heißem Öl anbraten, mit Salz, Pfeffer, Thymian und Majoran abschmecken.

3 Die abgeseihten Maiskörner und die angerösteten Schwammerl in den Teig einrühren, Öl erhitzen und mit dem Löffel den Teig als kleine Küchlein in die Pfanne geben, diese beidseitig goldgelb backen.

4 Die fertigen Küchlein sofort mit gedünstetem Gemüse oder Salat servieren.

POLENTASCHEIBEN
mit Schinken

ZUTATEN
1 l Wasser
2 EL Butter
Salz
250 g Polentamehl
etwas Paprikapulver
4 dünne Scheiben Schinken
2 Eier
150 g Semmelbrösel
Öl zum Ausbacken

ZUBEREITUNG

1 Wasser mit Butter und Salz aufkochen, das Polentamehl einkochen und ausquellen lassen.

2 Aus der ausgekühlten Masse mit einem runden Keksausstecher 8 Scheiben ausstechen, diese mit Paprika überpudern.

3 Auf 4 Polentascheiben je eine Scheibe Schinken legen, die übrigen 4 Polentascheiben darauflegen und gut zusammendrücken.

4 Die Polentascheiben in verquirlten Eiern und Semmelbröseln wenden und in heißem Öl von beiden Seiten goldbraun braten.

GEMÜSE IM MAISGRIESSRING

ZUTATEN

1 l Wasser
1 EL Butter
Salz und Pfeffer
Muskatnuss
150 g Maisgrieß

2 EL Butter

300 g Mangold
1 kleine Salatgurke
1 Zwiebel
4 Paradeiser

ZUBEREITUNG

1 Wasser mit Butter, wenig Salz, Pfeffer und geriebener Muskatnuss aufkochen, den Maisgrieß unter Rühren in die kochende Flüssigkeit geben, etwa 20 Minuten bei geringer Hitze ausquellen lassen.

2 4 kleine Savarinringe (Ringformen) mit wenig Butter einfetten, die Maisgrießmasse einfüllen und darin erkalten lassen.

3 Die Maisgrießringe im Backrohr bei 175 °C etwa 12 Minuten garen.

4 Den Mangold putzen, in Rauten schneiden, blanchieren, abschrecken und abtropfen lassen, die Gurke in Streifen schneiden, dann beides mit der klein geschnittenen Zwiebel in wenig Butter erhitzen, abschmecken, zuletzt die würfelig geschnittenen Paradeiser zugeben und 1 EL nicht zu kalte Butter einrühren.

5 Den Maisgrießring auf vorgewärmte Teller stürzen und das Gemüse rundherum verteilen.

POLENTA
mit Kastanien und Speck

ZUTATEN

500 ml Rindsuppe oder Wasser • 200 g Maisgrieß
Muskat, Salz und Pfeffer
2 EL Butterschmalz

150 g Kastanien, gekocht, geschält und grob gehackt
150 g Schinkenspeck, in feine Streifen geschnitten
Butter zum Rösten
2 EL Schnittlauchröllchen

ZUBEREITUNG

1 Die Rindsuppe in einem geeigneten Topf zum Kochen bringen, den Maisgrieß langsam einrieseln lassen und mit einem Schneebesen glatt rühren.

2 Mit Muskat, Salz und Pfeffer würzen und zugedeckt 10 Minuten ziehen lassen, Butterschmalz einrühren und abschmecken.

3 Für die Garnitur ein bisschen von diesem Maisgrießbrei in 4 Kreisen ca. 1 cm dick auf ein Backblech streichen (Bild 1), im vorgeheizten Backrohr ca. 10 Minuten überbacken.

4 In einer Pfanne Kastanien und Speck in heißer Butter kurz rösten.

5 Die restliche Polenta mit Hilfe runder Formen auf Tellern anrichten, mit Kastanien und Speck garnieren, die knusprig gebackenen Polentakreise dazu anrichten und mit Schnittlauch bestreut servieren (Bild 2).

1

2

POLENTASCHEIBEN AUF SPINAT

ZUTATEN

250 ml Milch
Salz
2 EL Butter
140 g Polentagrieß
Muskat, Pfeffer
1 Ei
80 g Semmelbrösel zum Wenden
2 EL Öl zum Braten

600 g Blattspinat
2 Knoblauchzehen
1 Zwiebel
1 EL Öl
200 ml Gemüsesuppe

ZUBEREITUNG

1 Milch, eine Prise Salz und Butter zum Kochen bringen. Die Polenta einrühren und so lange rühren, bis ein Kloß entsteht, Polenta mit Muskat und Pfeffer würzen.

2 Das Ei unterrühren, die Masse auf einem Arbeitsbrett auskühlen lassen.

3 Aus der erkalteten Polenta eine Rolle formen und in Scheiben schneiden. In Bröseln wälzen und in einer Pfanne in heißem Öl goldgelb backen. Anschließend warm stellen.

4 Die Spinatblätter sorgfältig verlesen, die harten Stiele abschneiden und unter fließendem, kaltem Wasser gründlich waschen.

5 Die Knoblauchzehen schälen und durch die Presse drücken, die Zwiebel schälen, fein hacken und in einer Pfanne in heißem Öl anrösten, den Knoblauch hinzufügen, den Spinat dazugeben und kurz dünsten.

6 Mit der Gemüsesuppe aufgießen und 5 Minuten leicht köcheln lassen.

7 Die Polentascheiben mit Spinat anrichten.

Polentascheiben
auf Spinat

MAISSCHMARREN
mit Bohnengemüse

ZUTATEN

MAISSCHMARREN
500 ml Gemüsesuppe
Salz
30 g Butter
200 g Maisgrieß
1 frischer Maiskolben
Butter für das Backblech
6 EL Olivenöl

BOHNENGEMÜSE
100 g getrocknete rote Bohnen
250 ml Wasser
1 Zweig frischer Rosmarin
1 Knoblauchzehe
200 g Frühlingszwiebeln
2 grüne Paprikaschoten
400 g Paradeiser
1 EL Öl
Salz und weißer Pfeffer

100 g Sauerrahm
1 Bund Basilikum, grob geschnitten

ZUBEREITUNG

1 Für das Gemüse die Bohnen mit dem Wasser übergießen und zugedeckt etwa 8 Stunden einweichen, dann mit dem Einweichwasser, dem Rosmarin und dem Knoblauch aufkochen und zugedeckt bei schwacher Hitze 1–1 ½ Stunden nicht ganz weich garen, danach abseihen.

2 Für den Maisschmarren die Suppe mit Salz und Butter zum Kochen bringen, den Maisgrieß unter Rühren langsam dazugeben und aufkochen, zugedeckt etwa 45 Minuten bei schwacher Hitze ausquellen lassen, bis sich der Brei vom Topfboden löst.

3 Den Maiskolben von den Hüllblättern und den grünen Fäden befreien und waschen, die Maiskörner mit einem scharfen Messer vom Kolben abschneiden und unter den Brei rühren.

4 Den Brei auf ein befettetes Backblech streichen und fest werden lassen.

5 Inzwischen die Frühlingszwiebeln putzen, waschen und in etwa fingerdicke Scheiben schneiden (auch die grünen Blätter), die Paprikaschoten vierteln, putzen, waschen und in Streifen schneiden, die Paradeiser schälen und würfeln, dabei die Stielansätze herausschneiden.

6 Öl in einem Topf erhitzen, die Frühlingszwiebeln und die Paprikaschoten darin bei mittlerer Hitze anbraten, die Paradeiser und die Bohnen dazugeben (Rosmarin und Knoblauch vorher entfernen) und aufkochen, bis das Gemüse heiß ist, mit Salz und Pfeffer abschmecken.

7 Für den Schmarren den Grießbrei in 2–3 Portionen teilen, 2 EL Olivenöl in einer großen Pfanne erhitzen, die erste Portion Maisbrei darin glatt streichen und bei mittlerer bis schwacher Hitze 5 Minuten an der Unterseite braten. Die Masse mit zwei Gabeln in mundgerechte Stücke teilen und diese bei mittlerer bis starker Hitze unter häufigem Wenden etwa 10 Minuten goldbraun und knusprig braten, den Schmarren anschließend aus der Pfanne geben und zugedeckt warm halten.

8 Mit dem restlichen Brei ebenso verfahren.

9 Den Maisschmarren auf Tellern verteilen, jeweils einen Klecks Sauerrahm daraufsetzen und mit dem Basilikum bestreuen, das Gemüse daneben anrichten.

GEBRATENE MAISRÖSTI

ZUTATEN

200 g Maiskörner aus der Dose
1 Zwiebel
Öl zum Anbraten und Ausbacken
2 Eier
4 EL Mehl
1 Knoblauchzehe
Majoran
Salz und Pfeffer
Petersilie, gehackt

ZUBEREITUNG

1 Die Maiskörner mit der fein gehackten, in heißem Öl angerösteten Zwiebel und allen anderen Zutaten gut vermengen und daraus Laibchen formen.

2 Diese in heißem Öl goldbraun ausbacken, danach gut abtropfen lassen.

Tipp

Vorsicht beim Herausbacken: Wenn das Öl zu heiß ist oder wenn die Laibchen zu lange im heißen Öl braten, können die Maiskörner „explodieren". Daher die Pfanne mit einem Spritzgitter oder einem Deckel abdecken!

KÜRBISKERNÖLPOLENTA
mit Mischpilzen

ZUTATEN
FÜR 4 PORTIONEN

200 g Milch
1 Eidotter
Muskatnuss
Salz und Pfeffer
50 g Polentagrieß
10 g Haselnüsse, gehackt
2 Knoblauchzehen, fein geschnitten
20 g Kürbiskerne, geröstet und grob gehackt
40 g Kürbiskernöl
1 Eiklar

500 g Mischpilze (Eierschwammerl, Champignons, Braunkappen, Täublinge)
1 kleine Zwiebel
Petersilie
Öl zum Anbraten
Salz und Pfeffer
125 g Sauerrahm

ZUBEREITUNG

1 Milch und Eidotter mit den Gewürzen aufkochen, die Polenta und Haselnüsse unter ständigem Rühren einkochen und zugedeckt ziehen lassen, danach Knoblauch, Kürbiskerne und Kürbiskernöl einrühren.

2 Aus dem Eiklar Schnee schlagen, vorsichtig unter die Polenta heben (Bild 1).

3 Die Masse auf ein leicht geöltes Backblech (Bild 2) streichen und bei 180 °C im vorgeheizten Backofen 10 Minuten backen, aus dem Ofen nehmen und noch heiß in Dreiecke schneiden (Bild 3).

4 Die Pilze waschen, putzen und klein schneiden, Zwiebel schälen und fein schneiden, Petersilienblätter grob schneiden.

5 In einer geeigneten Pfanne etwas Öl erwärmen, die Zwiebel leicht dünsten, die Pilze zugeben, so lange rösten, bis die Flüssigkeit verdampft ist, mit Salz und Pfeffer würzen.

6 Petersilie dazugeben und mit Sauerrahm vollenden, zusammen mit den Polentaecken heiß servieren.

1

2

3

POLENTA-KÜRBIS-KUCHEN *pikant*

ZUTATEN

1 kg Kürbisfleisch
500 ml Milch
80 g feiner Polentagrieß
60 g kernlose Rosinen
Salz • 1 EL Zucker
9 Eier

Butter und Mehl für die Form
60 g geriebener Käse
Kräuter zum Garnieren

ZUBEREITUNG

1 Das Kürbisfleisch in Würfel schneiden, diese in einem Topf mit der Milch gar kochen.

2 Zum gegarten Kürbisfleisch den Polentagrieß dazugeben und unter Umrühren 10–15 Minuten lang kochen. Diese Masse durch ein Sieb passieren.

3 In den so erhaltenen Brei die Rosinen und die mit Salz und Zucker verrührten Eidotter hinzugeben und umrühren. Die Eiklar zu steifem Schnee schlagen und unter den ausgekühlten Brei heben.

4 Den fertigen Brei in einer eingefetteten und mit Mehl bestaubten Form verteilen, mit geriebenem Käse bestreuen, mit zerlassener Butter beträufeln und bei 180 °C 20 Minuten backen.

5 Vor dem Servieren den Kuchen aus der Form nehmen und mit beliebigen Kräutern garnieren.

Tipps

Die Kürbiswürfel zugedeckt bei schwacher Hitze gar kochen. Den Polentagrieß in einem dünnen Strahl allmählich und unter ständigem Umrühren zur Milch mit den Kürbiswürfeln dazugießen, damit sich keine Klümpchen bilden.

MAISGRIESSAUFLAUF

mit Speck, Salami und Sultaninen

ZUTATEN

2 gekochte Erdäpfel
250 g durchwachsener Speck
150 g Salami
100 g Sultaninen
100 g Butter
150 g Mehl
300 g Maisgrieß
1 TL Salz
ca. 500 ml Milch

ZUBEREITUNG

1 Die Erdäpfel schälen und in etwas größere Würfel schneiden, den Speck und die Salami klein würfeln, die Sultaninen heiß waschen und abtrocknen.

2 Wenig Butter zerlassen und damit eine feuerfeste Form ausstreichen, ⅓ der Speckwürfel und der Sultaninen mit der Salami, den Erdäpfelwürfeln, dem Mehl, dem Maisgrieß, dem Salz, der übrigen Butter und mit so viel Milch verrühren, dass ein dickflüssiger Brei entsteht, diesen in die Form füllen.

3 Die zurückbehaltenen Speckwürfel und Sultaninen daraufstreuen, den Auflauf im auf 180 °C vorgeheizten Backrohr etwa 40–50 Minuten garen.

Tipps

Dieses Gericht schmeckt frisch zubereitet und sofort serviert am besten.
Mit gemischtem oder grünem Salat auftischen.
Den Speck kann man auch durch Bratenreste ersetzen.

POLENTAGRATIN

ZUTATEN
FÜR 4 PORTIONEN

1 Zwiebel
2 TL Butter
1 ½ l Rindsuppe
300 g Maisgrieß

BELAG
250 g gekochter Schinken und Wurst
½ Jungzwiebel
4 Kirschparadeiser
Salz und Pfeffer aus der Mühle
Basilikum zum Bestreuen
4 EL Crème fraîche

1 Obstkuchenform (26 cm Durchmesser)
Butter zum Ausstreichen

ZUBEREITUNG

1 Die Zwiebel fein schneiden, in einer Kasserolle die Butter schmelzen und die Zwiebel darin glasieren, ohne Farbe nehmen zu lassen.

2 Mit der Suppe aufgießen, zum Kochen bringen und den Maisgrieß einrühren, langsam 10 Minuten kochen, danach zugedeckt weitere 20 Minuten ziehen lassen, anschließend die Polentamasse auskühlen lassen (Bild 1).

3 Für den Belag den Schinken und die Wurst in feine Streifen schneiden, die Jungzwiebel putzen und in kleine Stücke schneiden, die Kirschparadeiser in Spalten schneiden.

4 Die Polentamasse in eine mit Butter ausgestrichene und kalt gestellte Obstkuchenform füllen, den Rand etwas höher andrücken (Bild 2).

5 Die vorbereiteten Zutaten auf die Polentamasse geben und mit Salz, Pfeffer und Basilikum würzen, die Crème fraîche darauf verteilen und im auf 180 °C vorgeheizten Backrohr 20 Minuten backen.

6 Danach das Polentagratin herausnehmen und noch heiß in Stücke teilen, auf vorgewärmten Tellern mit frischem Salat servieren.

Tipp

Nach Belieben kann das Polentagratin zusätzlich auch mit würzigem Käse belegt werden.

1

2

POLENTA UND FRICKA

Holzhackerkost aus dem Gailtal

ZUTATEN

1 l Wasser
1 TL Salz
250 g Maisgrieß
2 EL Weizenmehl
100 g Salzspeck
100 g Emmentaler Käse
2–3 Eier

ZUBEREITUNG

1 Salzwasser zum Kochen bringen, Maisgrieß und Mehl hinzufügen und unter ständigem Rühren auf kleiner Flamme ca. 10 Minuten kochen. Wenn sich die Masse vom Topfrand löst, auf einen befeuchteten Teller stürzen.

2 Salzspeck und Käse würfelig schneiden, in eine Pfanne geben und erhitzen. Wenn der Speck glasig ist und der Käse schmilzt, die Eier daraufschlagen, alles kurz anbraten und dann rasch anrichten, die gestürzte Polenta und heiße Milch dazu reichen.

POLENTARHOMBEN

mit Pilz-Käse-Sauce

ZUTATEN

Polenta
1 l Wasser
Salz
350 g Maisgrieß
Öl

SAUCE
40 g getrocknete Herrenpilze (Steinpilze)
250 ml Weißwein
150 g Raclette-Käse
Thymian
Pfeffer
125 g Crème fraîche
2 EL Sherry

GARNITUR
2 große Zwiebeln
2 EL Butter und 1 EL Öl
Salz
etwas Petersilie zum Garnieren

ZUBEREITUNG

1 Für die Polenta Wasser mit ausreichend Salz zum Kochen bringen, den Maisgrieß eingießen, gut durchrühren und die Hitze reduzieren, sodass die Masse erst schwach köchelt und dann, wenn die Flüssigkeit aufgesogen ist, dampft (das dauert knapp 40 Minuten), währenddessen immer kräftig durchrühren.

2 Die fertige Polenta daumendick auf eine befettete Alufolie streichen, die Oberfläche glätten, fest werden lassen.

3 In der Zwischenzeit für die Sauce die getrockneten Pilze 15 Minuten in Wein einweichen, anschließend darin 15 Minuten kochen.

4 Den Käse von der Rinde befreien und in kleine Würfel schneiden, dann zum Wein geben und auf der warmen Herdplatte so lange rühren, bis der Käse vollständig geschmolzen ist, etwas Thymian und Pfeffer zugeben, dann die Crème fraîche, eventuell etwas salzen, zuletzt den Sherry einrühren.

5 Die Zwiebeln in je 8 Spalten teilen und diese in Butter mit ein wenig Öl beidseitig etwa 4 Minuten glasig bzw. zart goldbraun braten und kurz vor Ende der Bratzeit salzen.

6 Die ausgekühlte Polenta in Rhomben schneiden und diese auf Tellern anrichten, Sauce und Zwiebeln zu den Polentarhomben reichen und mit Petersilie bestreuen.

GEGRILLTE BOHNENPOLENTA

ZUTATEN

1,25 l Wasser
1 TL Salz
350 g Maisgrieß
200 g Mais aus der Dose
200 g rote Bohnen aus der Dose
50 g Parmesan, frisch gerieben
100 g Zucchini
100 g Paprika- und Chilischoten
Öl zum Anrösten
1 kleine Zwiebel
2 EL Olivenöl

ZUBEREITUNG

1 Wasser mit Salz aufkochen, den Polentagrieß einrühren, die Hitze reduzieren und 20 Minuten köcheln, immer wieder umrühren.

2 Mais und Bohnen abseihen, mit dem Parmesan unter die Polentamasse rühren.

3 Die klein geschnittenen Zucchini, Paprika- und Chilischoten in heißem Öl mit der gehackten Zwiebel etwas anrösten.

4 Die Polenta-Bohnen-Masse daumendick auf ein mit Olivenöl befettetes Blech streichen, die Gemüse-Mischung darauf verteilen, erkalten lassen und in Rauten schneiden.

5 Die Polenta-Rauten grillen oder in der Pfanne braten.

GEGRILLTE HENDLHAXEN
mit Polentatalern

ZUTATEN FÜR 2 PORTIONEN

2 Hendlhaxen
Salz und Pfeffer

POLENTATALER
1 EL Butter
1 Schalotte
60 ml Milch
400 ml Hühnersuppe
Salz und Pfeffer
etwas Muskatnuss, gemahlen
100 g Maisgrieß

2 Rosmarinzweige zum Garnieren
etwas Olivenöl
Cocktailparadeiser

ZUBEREITUNG

1 Das untere Knochenende der Hendlhaxen zuputzen und die Haut entfernen, die Knochen mit Alufolie einwickeln (Bild 1), die Haxen mit Salz und Pfeffer würzen und beiseitestellen.

2 Für die Polentataler in einer Kasserolle die Butter erhitzen, die fein geschnittene Schalotte zugeben, kurz anrösten, mit Milch und Hühnersuppe aufgießen und mit Salz, Pfeffer und Muskatnuss würzen.

3 Den Maisgrieß in die kochende Flüssigkeit einrühren und aufkochen lassen, mit einem Deckel verschließen und bei schwacher Hitze ca. 20 Minuten ziehen lassen, zwischendurch öfters mit einem Schneebesen verrühren.

4 Danach die Polentamasse 1 cm hoch auf ein Backblech streichen und kalt stellen (kann auch am Vortag vorbereitet werden).

5 Die Hendlhaxen auf einen Holzkohlengrill legen und bei nicht zu starker Hitze grillen.

6 Aus der Polentamasse mit einem runden Ausstecher 8–10 Taler ausstechen (Bild 2) und diese ebenfalls auf dem Grillrost grillen, vor dem Servieren das Gericht mit einem Rosmarinzweig und in Olivenöl angebratenen Cocktailparadeisern garnieren.

1

2

HASENPFEFFER *mit Polentascheiben*

ZUTATEN FÜR 2 PORTIONEN

2 ausgelöste Hasenkeulen
Salz und Pfeffer
1 Karotte • 1 kleine Zwiebel
100 g Bauchspeck
Öl zum Braten
1 Lorbeerblatt
3 Wacholderbeeren, zerdrückt
60 ml Rotwein
250 ml Wildjus
1 Filetstück

POLENTASCHEIBEN

200 ml Milch
200 ml Wasser
Salz und Pfeffer
Muskatnuss, gemahlen
einige Butterflocken
250 g Maisgrieß
Öl zum Braten

Lorbeerblätter zum Garnieren

ZUBEREITUNG

1 Für die Polentascheiben Milch und Wasser zum Kochen bringen, mit Salz, Pfeffer und Muskatnuss würzen und die Butter zugeben, den Maisgrieß in die kochende Milch einrühren und aufkochen lassen, danach zugedeckt bei schwacher Hitze ca. 20 Minuten ziehen lassen.

2 Zwischendurch öfters umrühren, anschließend die Polentamasse in eine halbrunde Terrinenform streichen und kalt stellen.

3 Die Hasenkeulen in kleine Würfel schneiden und mit Salz und Pfeffer würzen, die Karotte schälen und in dickere Scheiben schneiden, die Zwiebel schälen und sechsteln, den Bauchspeck klein schneiden.

4 Öl erhitzen, das Hasenfleisch kurz anbraten, Zwiebel, Lorbeerblatt und Wacholderbeeren zugeben.

5 Mit Rotwein ablöschen, mit Wildjus aufgießen und 40 Minuten langsam köcheln lassen, danach die Karotten und den Bauchspeck zugeben und weitere 10 Minuten köcheln lassen.

6 Das Filetstück auf beiden Seiten kurz anbraten und im auf 180 °C vorgeheizten Backrohr rosa fertig braten.

7 Die ausgekühlte Polenta in Scheiben schneiden und diese in etwas Öl beidseitig braten, den Hasenpfeffer auf vorgewärmten Tellern anrichten, mit je einem halben Filetstück garnieren und mit den Polentascheiben servieren, zuletzt mit Lorbeer garnieren.

POLENTAAUFLAUF
mit Schafkäse

ZUTATEN
1 l Suppe
50 g Butter
300 g Maisgrieß
Salz und Pfeffer
½ Bund Petersilie
500 g Schafkäse
125 g Sauerrahm

ZUBEREITUNG

1 Suppe und Butter aufkochen, den Maisgrieß einrieseln lassen und unter ständigem Rühren ca. 5 Minuten köcheln, die Masse mit Salz und Pfeffer würzen, Petersilie hacken und in die Maismasse rühren.

2 Den Schafkäse in kleine Stücke brechen und mit dem Sauerrahm gut vermischen.

3 Die Polenta und die Schafkäsemasse in Schichten von ca. 1 cm abwechselnd in eine mit geschmolzener Butter ausgestrichene ofenfeste Form streichen, einen kleinen Rest der Schafkäsemasse obenauf geben.

4 Den Auflauf ins auf 200 °C vorgeheizte Backrohr schieben und ca. 20 Minuten backen, gegen Ende der Garzeit auf starke Oberhitze oder Grillfunktion schalten.

5 Aus dem Ofen nehmen, portionieren und heiß servieren.

POLENTAECKEN
mit Schwammerln und Faschiertem

ZUTATEN
250 g Maisgrieß
500 ml Wasser
1 TL Salz

BELAG
1 mittelgroße Zwiebel
Petersilie
200 g Herrenpilze (Steinpilze) oder Eierschwammerl
600 g gemischtes Faschiertes
2 Semmeln (Brötchen)
1 Ei • Salz und Pfeffer
Senf • eventuell etwas Butter

GARNITUR
250 g Sauerrahm
Salz und weißer Pfeffer
frische Kräuter nach Geschmack
1 Knoblauchzehe

ZUBEREITUNG

1 Den Maisgrieß in das kochende Salzwasser einlaufen lassen, 10 Minuten köcheln lassen und ausdünsten, nach leichtem Abkühlen auf ein befettetes Backblech fingerdick aufstreichen.

2 Für den Belag die gehackte Zwiebel und Petersilie mit den fein gehackten Pilzen abrösten, bis keine Flüssigkeit mehr vorhanden ist.

3 Das Faschierte mit dieser Masse mischen, eingeweichte, ausgedrückte, zerzupfte Semmeln und das Ei dazugeben, mit Salz, Pfeffer und Senf abschmecken und die Masse auf die Polenta streichen, eventuell etwas Butter darüberträufeln und im Backrohr ca. 35–40 Minuten backen.

4 Danach in kleine Quadrate schneiden, auf jedes Stück einen kleinen Löffel Sauerrahm (mit Salz, weißem Pfeffer, gehackten Kräutern und zerdrücktem Knoblauch abgeschmeckt) geben und auf Tellern anrichten.

POLENTASCHNITTEN
mit Käse überbacken

ZUTATEN
1 l Wasser
Salz
100 g Butter
400 g Polentagrieß
300 g Schnittkäse

ZUBEREITUNG

1 Wasser, Salz und Butter zum Kochen bringen.

2 Polentagrieß eingießen, umrühren und bei kleiner Hitze unter ständigem Rühren 20 Minuten quellen lassen.

3 Die Polenta ca. 2 cm dick auf ein Backblech streichen, kalt werden lassen, in rechteckige Schnitten schneiden und diese mit Käse belegen.

4 Die Polentaschnitten im Backrohr bei 180 °C ca. 10 Minuten überbacken.

PANIERTE POLENTASCHNITTEN

ZUTATEN
FÜR 4–5 PORTIONEN
250 g Maisgrieß
1 l Wasser • Salz

FÜLLE
Paprikapulver
4 dünne Scheiben Schinken
8 Scheiben Käse • 4 Eier
Salz • Semmelbrösel
Fett zum Ausbacken

ZUBEREITUNG

1 Maisgrieß unter Rühren in kochendes Salzwasser einrieseln lassen, bei schwacher Hitze 5 Minuten leicht köcheln und rühren, damit der Grieß nicht anbrennt, den Topf von der heißen Platte nehmen und ca. 20–30 Minuten ausquellen lassen.

2 Polenta 1 cm dick auf ein Backblech streichen und abkühlen lassen, die Masse in 8–10 gleich große Stücke (ca. 8 x 8 cm) schneiden und mit Paprikapulver bestreuen.

3 Die 4 Polentaschnitten mit je 1 Scheibe Schinken und 2 Scheiben Käse belegen und jeweils eine zweite Schnitte darauflegen.

4 Die Eier in einem tiefen Teller mit etwas Salz verquirlen, die gefüllten Polentaschnitten in Ei und Semmelbröseln panieren und in heißem Fett herausbacken.

Tipp

Man kann die Schnitten wahlweise auch mit Blattspinat und Käse füllen!

GEBACKENES OSTERKITZ
in der Polentakruste mit kalter Olivenölsauce

ZUTATEN

TEIG
50 g Weizenmehl
50 g gemahlener Maisgrieß
150 g geriebener Hartweizengrieß
300 ml Wasser
Salz

FÜLLE
600 g zugeputzter Kitzschlögel und -rücken
Salz und Pfeffer
1 EL Kräuter, fein gehackt
100 g rohes Sauerkraut
eventuell 50 g Grammeln
Öl zum Ausbacken

FARCE
100 g Kitzschulter
80 g Crème fraîche
40 g Topfen
50 g Eiklar
Dijonsenf
Olivenöl
Salz und Pfeffer
abgeriebene Zitronenschale (unbehandelt)
Kräuter nach Geschmack

OLIVENÖLSAUCE
3–4 EL Weißwein
200 ml Olivenöl
5 EL Weißweinessig
10 g Dijonsenf
1 Ei
Zucker und Pfeffer

ZUBEREITUNG

1 Mehl, Maisgrieß und Hartweizengrieß vermischen, das Wasser aufkochen, die Mehl-Grieß-Mischung und etwas Salz einrühren und verrühren, bis sich der Teig zu einer Kugel kneten lässt. Den Teig in eine Frischhaltefolie wickeln und 2 Stunden rasten lassen.

2 Für die Farce die Kitzschulter klein schneiden und mit Crème fraîche und Topfen gut verrühren, Eiklar zu Schnee schlagen, diesen unter die Masse ziehen, Farce mit Dijonsenf, Olivenöl, Salz, Pfeffer, Zitronenschale und Kräutern abschmecken.

3 Kitzschlögel und -rücken mit Salz und Pfeffer würzen.

4 Den Teig dünn ausrollen, die Farce auf eine Hälfte des Teiges streichen. Das Fleisch auf die Farce setzen und mit Kräutern bestreuen, Sauerkraut und Grammeln auf dem Fleisch verteilen. Die zweite Teighälfte über die Fülle klappen, die Teigränder festdrücken.

5 Das Kitz in reichlich Fett (Temperatur ca. 180 °C) ca. 5 Minuten backen.

6 Für die Olivenölsauce Weißwein, Öl, Essig, Senf und Ei gut verrühren und mit Zucker und Pfeffer abschmecken.

7 Das Kitz mit kalter Sauce servieren.

Maispflanzen in Kultur

PIKANTE POLENTATORTE

ZUTATEN

250 g Maisgrieß
(grob oder fein)
1 l Gemüsesuppe
150 g Joghurt
100 g geriebener Käse
1 TL Curry
frisch gemahlener Pfeffer

Öl für die Form
1 Bund Schnittlauch
oder Kresse

ZUBEREITUNG

1 Den Maisgrieß mit Hilfe eines Schneebesens in die kochende Gemüsesuppe einrühren, etwa 5 Minuten im zugedeckten Topf auf der abgeschalteten Herdplatte köcheln lassen, anschließend den Maisgrieß weitere 10 Minuten auf der abgeschalteten Herdplatte quellen lassen, den Topf von der Platte nehmen und den Maisbrei noch ca. 10 Minuten nachquellen lassen.

2 Joghurt und Käse unter die Masse rühren und mit Curry und Pfeffer abschmecken, diesen Teig in eine befettete Springform (26 cm Durchmesser) füllen und glatt streichen.

3 Auf der mittleren Schiene im Backofen bei 200 °C 20 Minuten backen.

4 Vor dem Servieren mit dem fein geschnittenen Schnittlauch oder der Kresse bestreuen.

POLENTAKARPFEN

ZUTATEN

4 Karpfenfilets
(oder 1 halbierter Karpfen
mit Kopf)
Zitronensaft
Salz • 200 g Sterzmehl
100 g Verhackert

ZUBEREITUNG

1 Die Karpfenstücke zuerst mit Zitronensaft würzen und dann gut salzen.

2 Anschließend in Sterzmehl wälzen und dieses gut andrücken.

3 Das Verhackert in einer Pfanne erhitzen und die Karpfenstücke einlegen, ganz langsam auf beiden Seiten braten.

Oststeirischer Bauer bei der Maisernte

POLENTAPIZZA *mit Speck*

ZUTATEN FÜR 4 STÜCK

500 ml Wasser
1 TL Salz
50 g Butter
Muskatnuss, gerieben
200 g feine Polenta
4 EL Crème fraîche
400 g Paradeiserwürfel (Dose)
200 g Bauchspeck
200 g Mais (Dose)
200 g Mozzarella
2 TL Oregano
1 EL Petersilie, fein geschnitten

ZUBEREITUNG

1 In einer geeigneten Kasserolle das Wasser mit Salz, Butter und Muskatnuss zum Kochen bringen, Polenta einkochen und mit einem Schneebesen verrühren, Hitze reduzieren und unter ständigem Rühren ca. 5 Minuten köcheln lassen.

2 Polenta in eine Schüssel umleeren, abschmecken und etwas abkühlen lassen.

3 Danach aus der Masse vier Portionen auf ein mit Backpapier ausgelegtes Backblech geben und mit einer Palette glatt und rund mit einem Durchmesser von ca. 22 cm verstreichen. Auskühlen lassen. Je 1 EL Crème fraîche daraufgeben und glatt streichen.

4 Die Paradeiser darauf gleichmäßig verteilen, den Bauchspeck in kleine Würfel schneiden und mit den Maiskörnern darüberstreuen.

5 Mozzarella in dünne Scheiben schneiden und auf der Polenta verteilen, mit Oregano und Petersilie bestreut im vorgeheizten Backofen bei 180 °C Umluft auf unterster Schiene 15–20 Minuten backen, aus dem Ofen nehmen und auf Tellern anrichten.

REHSCHLÖGEL
mit Polentatalern und Gemüse

ZUTATEN
FÜR 4–6 PORTIONEN

1 Rehschlögel
(je nach Größe des Rehs ca. 2–3 kg mit Knochen)
3 EL Walnussöl
2 EL Kräuter (Rosmarin, Thymian, Lorbeer, Wacholder)
1 Chilischote
Salz
100 g Schinkenspeck, in dünne Scheiben geschnitten

POLENTATALER
1 Tasse Polenta
2 Tassen Wasser
1 EL Butterschmalz
Salz, Pfeffer und Muskatnuss

4 mittelgroße Fenchelknollen
200 g Kirschparadeiser
4 Rosmarinzweige

ZUBEREITUNG

1 Den Schlögel waschen, trocknen und mit einem spitzen, scharfen Messer entlang des Mittelknochens 1 cm tief einschneiden.

2 Aus dem Öl, den fein geschnittenen Kräutern, der von Kernen und weißen Adern befreiten und fein geschnittenen Chilischote und dem Salz eine Marinade zubereiten, den Schlögel damit einstreichen und die Marinade anschließend gut einmassieren, das Fleisch in einen Gefrierbeutel geben, verschließen und über Nacht im Kühlschrank ziehen lassen.

3 Einen Gaskugelgrill auf 260 °C vorheizen, den Schlögel mit der Knochenseite auf den Rost legen, Deckel daraufgeben, 5 Minuten grillen, wenden und weitere 5 Minuten grillen, die obere Seite mit den Speckscheiben bedecken (damit das Fleisch nicht trocken wird).

4 Dann den Deckel wieder auf den Grill geben und den Schlögel bei 100 °C ca. 90 Minuten zugedeckt grillen (ein Grillthermometer in das Fleisch stecken und die Kerntemperatur überprüfen, sie sollte 70 °C erreichen).

5 Für die Polentataler die Polenta mit Wasser, Butterschmalz und den Gewürzen kochen, noch heiß ca. 1 cm dick auf ein leicht geöltes Backblech aufstreichen und auskühlen lassen, danach runde Taler ausstechen oder in eckige Formen schneiden.

6 Die Fenchelknollen putzen und halbieren, die Kirschparadeiser waschen und abtrocknen, zuerst die Fenchelhälften auf den Rost legen, eher am Rand platzieren und öfters wenden, dann die Polentataler auflegen (ebenfalls am Rand) und erst kurz vor dem Grillende die Kirschparadeiser kurz grillen.

7 Den Schlögel vom Grill nehmen, in Alufolie wickeln und in einem Bräter etwas rasten lassen, danach tranchieren und mit Polentatalern, Fenchel, Paradeisern und Rosmarinzweigen servieren.

Tipps

Die Grillzeit ist für einen Schlögel mit 2 kg angegeben, wenn er schwerer ist, sollte die Grillzeit ca. um 15 Minuten verlängert werden.

Wer keinen Gaskugelgrill besitzt, kann den Rehschlögel auch im auf 100 °C Umluft vorgeheizten Backofen zubereiten: Zunächst in einer großen Pfanne in heißem Öl rundum anbraten, dann ein tiefes Backblech unter den Rost im Backofen schieben, den Schlögel auf den Rost legen, eventuell mit etwas Öl einpinseln und je nach Größe des Schlögels 1 ½–2 Stunden garen.

GEFÜLLTE POLENTADUKATEN

ZUTATEN FÜR CA. 8 STÜCK
1,5 l Wasser
370 g Maisgrieß
1 Ei
20 g Maizena (Maisstärke)
125 ml Obers
etwas Butter

FÜLLE
2 Zwiebeln, grob gehackt
200 g Champignons, grob gehackt
1 rote Paprikaschote, geputzt und in Würfel geschnitten
etwas Butter
Salz und Pfeffer
Petersilie, gehackt

ZUBEREITUNG

1 Wasser aufkochen, Maisgrieß einrieseln lassen, unter ständigem Rühren einkochen und auskühlen lassen, Ei, Maizena und 2 EL Obers unterrühren.

2 Die Hälfte der Masse auf ein mit Butter bestrichenes Brett streichen und Scheiben mit ca. 7 cm Durchmesser ausstechen.

3 Die restliche Polenta in einen Spritzsack füllen und auf jede Scheibe einen Rand spritzen, kurz trocknen lassen, den Rand mit flüssiger Butter bestreichen und die Polentaschüsserln bei 160 °C ca. 10 Minuten backen.

4 Für die Fülle Zwiebeln, Champignonstücke und Paprikawürfel in Butter andünsten, restliches Obers dazugießen und einkochen lassen, mit Salz, Pfeffer und Petersilie würzen.

5 Die noch heißen Polentaschüsserln mit dem Gemüse füllen und mit Petersilie bestreut servieren.

SAIBLING AUF LINSEN *mit Polenta*

ZUTATEN

4 Saiblingsfilets (oder 4 kleine Saiblinge, küchenfertig)
4 kleine Rosmarinzweige
4 dünne Scheiben Schinkenspeck • 60 g Butter
10 g Petersilie • Salz

POLENTA

500 ml Wasser • Meersalz
150 g Maisgrieß • 40 g Butter
1 EL Doppelrahmfrischkäse

LINSEN

60 g Zwiebeln • 30 g Butter
150 g Linsen (über Nacht eingeweicht) • 1 kleines Lorbeerblatt • 1 Prise Kümmel • 40 g Karotten • 30 g Sellerieknolle
500 ml ungesalzene Gemüsesuppe • Salz

ZUBEREITUNG

1 Die Filets mit je 1 Zweig Rosmarin belegen und mit je 1 Scheibe Schinkenspeck umwickeln, sodass ²/₃ der Filets und des Rosmarinzweiges frei bleiben.

2 30 g Butter mit der fein gehackten Petersilie und einer Prise Salz abtreiben und die Filets damit bestreichen.

3 Für die Polenta Wasser mit Salz zum Kochen bringen, den Grieß langsam unterrühren und 40 Minuten lang bei mittlerer Hitze unter ständigem Umrühren (mit einem Holzlöffel) garen, den Topf vom Feuer nehmen, Butter und Doppelrahmfrischkäse in die Masse unterrühren und mit einem feuchten Tuch abdecken.

4 Zwiebeln in Butter anschwitzen, mit den eingeweichten Linsen, den Gewürzen und dem kleinwürfelig geschnittenen Gemüse in einen Druckkochtopf geben, mit Gemüsesuppe aufgießen, den Druckdeckel schließen und 15 Minuten weich kochen, zum Schluss salzen.

5 Eine feuerfeste Pfanne mit 30 g Butter ausstreichen, die vorbereiteten Fischfilets einlegen und im Backrohr 10 Minuten bei 230 °C garen.

6 Den fertig gegarten Fisch auf einer Platte (oder auf Tellern) mit den Linsen und der Polenta gefällig anrichten.

POLENTALAIBCHEN

mit Käse, Speck, Schwammerln und Paradeisern

ZUTATEN

POLENTALAIBCHEN

200 g Maisgrieß
ca. 750 ml Salzwasser
100 g Käse (je nach eigenem Geschmack), gerieben
Salz und Pfeffer
Muskatnuss, gerieben
100 g Käse, in Scheiben geschnitten, zum Überbacken

BELAG

100 g Eierschwammerl
etwas Öl • 1 kleine Zwiebel
Kräuter nach Belieben, gehackt
Salz und Pfeffer
2–3 Paradeiser
1 EL Butter
Basilikum, fein geschnitten
150 g Schinkenspeck, fein gewürfelt

ZUBEREITUNG

1 Den Maisgrieß unter ständigem Rühren ins kochende Salzwasser einrieseln lassen, bei geringer Hitze ca. 35 Minuten unter ständigem Rühren quellen lassen (die Polenta sollte nicht zu dick werden), dann den geriebenen Käse untermengen, mit Salz, Pfeffer und Muskatnuss würzen.

2 Polenta-Käse-Masse auf einem Brett oder Backblech glatt streichen und auskühlen lassen.

3 Danach mit einem runden Keksausstecher Scheiben aus der abgekühlten Masse ausstechen, auf diese je eine Scheibe Käse legen und die Laibchen auf einem mit Backpapier ausgelegten Backblech im Backrohr bei ca. 170 °C 10–15 Minuten backen.

4 Für den Belag die Eierschwammerl putzen, klein schneiden und in etwas Öl mit der gehackten Zwiebel und der Hälfte der Kräuter rösten, mit Salz und Pfeffer würzen.

5 Paradeiser schälen, entkernen und das Paradeiserfleisch kleinwürfelig schneiden, in Butter sautieren und mit Salz, Pfeffer und Basilikum würzen.

6 Speckwürfel bei milder Hitze in einer Pfanne anrösten.

7 Die Polentataler auf Tellern anrichten und abwechselnd mit Speckwürfeln, Eierschwammerln und Paradeisern belegen, nach Belieben mit Kräutern garnieren.

GEBRATENE HENDLHAXEN
auf Polenta und Wurzelgemüse

ZUTATEN FÜR 4 PORTIONEN

8 Hendlkeulen
Salz und Pfeffer
Öl zum Braten

400 ml Gemüsesuppe
1 EL Butter • Salz
Muskatnuss, fein gerieben
200 g Polenta

400 g Wurzelgemüse
(Karotten, Gelbe Rüben,
Sellerie und Lauch)
1 EL Butter • Salz und Pfeffer

ZUBEREITUNG

1 Die Hendlkeulen waschen, trocken tupfen und mit Salz und Pfeffer würzen.

2 Öl in einer geeigneten Pfanne erhitzen, Keulen einlegen, rundum anbraten und danach im vorgeheizten Backofen bei 160 °C ca. 20 Minuten fertig braten.

3 Für die Polenta die Gemüsesuppe mit Butter zum Kochen bringen, mit Salz und Muskat würzen, Polenta einrühren und einige Minuten kochen lassen, umrühren und zugedeckt warm stellen.

4 Das Gemüse putzen, schälen und klein schneiden, Butter in einer Pfanne erhitzen, das Gemüse knackig dünsten, würzen und abschmecken.

5 Hendlkeulen aus dem Ofen nehmen und mit der Polenta und dem Wurzelgemüse auf vorgewärmten Tellern anrichten.

TOFU-PILZ-RAGOUT
mit Polenta

ZUTATEN

200 g Polenta • Salzwasser
300 g Pilze (z. B. Steinpilze, Eierschwammerl, Champignons ...) • 200 g Tofu
1 Knoblauchzehe
2 Stangen Lauch
2 EL Rapsöl
½ Bund Krauspetersilie
½ Bund Dill
2 EL Weißwein
250 ml Gemüsesuppe
2 TL Maisstärke
50 ml Obers
150 ml Wasser
1 EL Sojasauce
Salz und Pfeffer

ZUBEREITUNG

1 Die Polenta in der doppelten Menge Salzwasser kochen.

2 Pilze putzen und in mundgerechte Stücke schneiden, den Tofu in kleine Würfel schneiden, Knoblauch und Lauch fein schneiden.

3 Das Öl erhitzen und den Lauch darin glasig dünsten, Knoblauch hinzufügen und kurz mitdünsten, die Pilze dazugeben und etwa 5 Minuten braten, dann den Tofu beimengen und 4–5 Minuten mitbraten.

4 Petersilie und Dill fein hacken.

5 Pilze mit Weißwein ablöschen und mit Suppe aufgießen, Kräuter beimengen und das Ragout 5 Minuten köcheln lassen.

6 Die Maisstärke mit 2 EL kaltem Wasser glatt rühren, Obers-Wasser-Gemisch zum Ragout geben und die Maisstärke einrühren, kurz aufkochen lassen und vom Herd nehmen, mit Sojasauce, Salz und Pfeffer würzen.

7 Die Polenta mit dem Pilzragout auf Tellern anrichten und nach Belieben garnieren.

GEBACKENE POLENTA-SPECK-KNÖDEL *mit Grünkohl*

ZUTATEN FÜR 4 PORTIONEN

250 g feiner Polentagrieß
2 EL Kürbiskernöl
150 g Bauchspeck
1 Zwiebel
1 EL Öl
2 Eier
Salz und Pfeffer
Muskatnuss

800 g Grünkohl
4 Knoblauchzehen
1 Chilischote
3 EL Butter
750 ml Rindsuppe oder Wasser
100 ml Obers

ZUBEREITUNG

1 Etwa 1 l leicht gesalzenes Wasser in einem Topf zum Kochen bringen, Polenta mit dem Schneebesen einrühren, Kernöl zugeben, mit Deckel 10 Minuten quellen lassen, Masse in eine Schüssel umleeren und abkühlen lassen.

2 Den Speck in kleine Würfel schneiden, die Zwiebel schälen und klein schneiden.

3 Das Öl in einer Pfanne erhitzen, Speck und Zwiebel darin leicht anrösten, auskühlen lassen, danach aus der Masse 8 Kugeln formen.

4 Eier, Salz, Pfeffer und Muskatnuss zur Polenta geben, gut durchmischen, ebenfalls in 8 Portionen teilen, mit nassen Händen flach drücken, jeweils 1 Kugel von der Fülle in die Mitte geben, mit der Polentamasse umschließen und zu Knödeln formen.

5 Die Knödel auf ein mit Backpapier ausgelegtes Backblech setzen und im vorgeheizten Backofen bei 180 °C 20 Minuten backen.

6 Grünkohl waschen, Strunk herausschneiden, Blätter in dünne Streifen schneiden, Knoblauch schälen, klein schneiden, Chilischote der Länge nach aufschlitzen, Kerne entfernen, Fruchtfleisch fein schneiden.

7 Butter in einer Pfanne schmelzen, Kohl, Knoblauch und Chili dazugeben und mit Salz würzen, Suppe nach und nach zugießen und mit Deckel bei mittlerer Hitze 20 Minuten dünsten, Obers zugeben und so lange köcheln lassen, bis der Kohl weich ist, abschmecken.

8 Die Knödel mit dem Kohl auf vorbereiteten Tellern anrichten.

PAPRIKA-PARADEISER-POLENTA

mit gebratenem Zander im Speckmantel

ZUTATEN FÜR 4 PORTIONEN

16 Zanderfilets ohne Haut, entgrätet à 40 g
Salz und Pfeffer • 16 dünne Scheiben Schinkenspeck
Olivenöl und Butter zum Braten • 12 Rispenparadeiser

POLENTA

600 ml Gemüsesuppe
2 EL Paradeisermark
1 EL Butter • 100 g Polentagrieß
1 rote Paprikaschote
2 Zweige Thymian • 1 Zweig Rosmarin • Salz und Pfeffer
ev. Radieschen zum Garnieren

ZUBEREITUNG

1 Für die Polenta die Gemüsesuppe in einem Topf mit Paradeisermark und Butter aufkochen, Polentagrieß mit dem Schneebesen einrühren und bei schwacher Hitze ca. 10 Minuten köcheln lassen.

2 Die Paprikaschote waschen, vierteln und Kerngehäuse mit Stiel entfernen, das Fruchtfleisch klein schneiden und pürieren.

3 Püree in die Polenta einrühren, Thymian- und Rosmarinzweige dazugeben, mit Salz und Pfeffer würzen, umrühren, aufkochen lassen und zugedeckt beiseitestellen.

4 Die Fischstücke mit wenig Salz und Pfeffer würzen und mit je einer Scheibe Schinkenspeck umwickeln.

5 Eine geeignete Pfanne erhitzen, Öl und Butter zugeben und die Fischpäckchen darin kurz rundum anbraten.

6 Die Rispenparadeiser waschen, abtrocknen und dazugeben, im vorgeheizten Backofen bei 160 °C 5–6 Minuten fertig braten.

7 Die Thymian- und Rosmarinzweige aus der Polenta entfernen, abschmecken und mit den Zanderpäckchen auf vorbereiteten Tellern anrichten.

POLENTA-GRAMMEL-KNÖDEL
mit Pilzsauce

ZUTATEN FÜR 11–12 STÜCK (CA. 4 PORTIONEN ALS HAUPTSPEISE ODER 6 PORTIONEN ALS BEILAGE)

100 Bauchspeck • 1 kleine Zwiebel • 200 g Milch
Salz • Majoran • Petersilie
Schnittlauch • 200 g Polentagrieß • 1 Ei • 100 g Speisetopfen
Grammeln zum Wälzen

PILZSAUCE
1 Zwiebel • 30 g Butter
300 g Pilze
(wenn möglich Steinpilze, sonst Kräuterseitlinge)
Salz • Petersilie
Schnittlauch • 100 g Obers
ca. 15 g Maizena (Maisstärke)

ZUBEREITUNG

1 Speck und Zwiebel fein schneiden und gemeinsam anrösten, mit Milch aufgießen und würzen.

2 Die Polenta langsam in diese leicht köchelnde Flüssigkeit einrühren und so lange mit dem Kochlöffel rühren, bis sich die Masse vom Topfrand löst, abkühlen lassen.

3 Für die Sauce die Zwiebel fein schneiden und in Butter andünsten, die blättrig geschnittenen Pilze dazugeben, würzen, anrösten und mit wenig Wasser aufgießen, mit Obers verfeinern und mit Maizena eindicken.

4 Dann das Ei und den Topfen unter die abgekühlte Polentamasse rühren, die Masse abschmecken, Knödel formen und in leicht köchelndem Salzwasser ca. 12 Minuten gar ziehen lassen, anschließend die Knödel in Grammeln wälzen und mit der Pilzsauce servieren.

Tipp

Die Knödel passen auch als Beilage zu Fleischgerichten oder auf einen Salatteller.

BÄRLAUCH-POLENTA-WÜRFEL
mit Champignonsauce

ZUTATEN FÜR 6 PORTIONEN

1,5 l Gemüsesuppe
1 EL Butter
300 g Polentagrieß
100 g Bergkäse
Salz und Muskatnuss

Butter für die Auflaufform
50 g Bergkäse
zum Bestreuen

PASTE
50 g Bärlauchblätter
1 Knoblauchzehe
50 g Pinienkerne
75 ml Rapsöl
50 g Bergkäse
Salz und Pfeffer

SAUCE
2 EL Butter
2 Schalotten
500 g Champignons
1 TL Thymianblätter
200 ml Obers
Salz und Pfeffer

ZUBEREITUNG

1 Die Gemüsesuppe mit der Butter zum Kochen bringen, die Polenta mit einem Schneebesen einrühren, aufkochen lassen und einige Minuten unter ständigem Rühren weiterköcheln.

2 Vom Herd nehmen, den Käse einarbeiten und mit Salz und Muskatnuss würzen, zugedeckt auskühlen lassen.

3 Für die Paste Bärlauchblätter putzen, waschen, trocken schütteln und fein schneiden, Knoblauch schälen und klein schneiden, beides mit Pinienkernen in einem Mörser fein zerstoßen, Öl zugeben und vermischen, Bergkäse dazugeben und mit Salz und Pfeffer würzen, umrühren und abschmecken.

4 Eine Auflaufform mit Butter einfetten, die Hälfte der ausgekühlten Polentamasse hineingeben und glatt streichen.

5 Die Bärlauchpaste darauf verteilen und mit der restlichen Polenta bedecken, Käse darüberstreuen und im vorgeheizten Backofen bei 200 °C Umluft auf mittlerer Schiene 25 Minuten backen.

6 Für die Sauce Butter erhitzen, fein geschnittene Schalotten darin glasig anschwitzen, dünnblättrig geschnittene Champignons dazugeben und so lange dünsten, bis die ganze Flüssigkeit verdunstet ist.

7 Thymian dazugeben und mit Obers aufgießen, auf die gewünschte Konsistenz einkochen, mit Salz und Pfeffer würzen und abschmecken.

8 Die Polenta aus dem Ofen nehmen und mit einem scharfen Messer in Würfel schneiden, mit der Champignonsauce anrichten.

Auf „Türkengehängen" an den Hauswänden wurde der Mais zum Trocknen aufgehängt. Bei diesem Tiroler Bauernhaus auf der Mieminger Hochfläche hing der Mais am Stangenwerk des Giebelfeldes, wo er gegen Regen und Schneefall geschützt war. (Aus dem Buch „Tirol: Volk, Heimat, Brauchtum" von Enno Folkerts, Karl Springenschmid, Druckerei Tirol Ges.m.b.H., Innsbruck 1940.) In Tirol wird Mais seit dem 16. Jahrhundert angebaut, von ca. 2.500 ha (vor allem in der Inntalfurche und in Mittelgebirgsrandlagen) sind die Anbauflächen auf 33 ha im Jahr 2015 gesunken.

FORELLENFILET
auf Spinat mit Polenta

ZUTATEN FÜR 4 PORTIONEN

4 Forellenfilets à 150 g
Saft von ½ Zitrone
Salz und weißer Pfeffer aus der Mühle
3 EL Olivenöl zum Braten

200 g Polentagrieß
500 ml Gemüsesuppe
Salz und Pfeffer

2 Schalotten, fein gehackt
2–3 Knoblauchzehen
2 EL Olivenöl
200 g Blattspinat (TK-Ware)
Salz und weißer Pfeffer
Muskatnuss, gerieben
125 ml Gemüsesuppe

ZUBEREITUNG

1 Die küchenfertig vorbereiteten Forellenfilets in 2–3 kleine Stücke schneiden.

2 Polentagrieß in die köchelnde Gemüsesuppe einrieseln lassen und würzen, ca. 15 Minuten quellen lassen, dann in eine Kastenform oder auf ein Blech streichen, fest werden lassen.

3 Schalotten und Knoblauch schälen und feinwürfelig schneiden, Öl erhitzen, Knoblauch und Schalotten darin anschwenken, Blattspinat beimengen, würzen, mit Gemüsesuppe ablöschen, den Spinat nur 1–2 Minuten durchschwenken.

4 Forellenfilets mit Zitronensaft beträufeln, mit Salz und Pfeffer würzen und auf der Hautseite in Olivenöl knusprig braten.

5 Polenta aus der Form stürzen, portionieren, auf den Polentastücken den Blattspinat und die Forellenfiletstücke anrichten.

POLENTA-SPINAT-STRUDEL

ZUTATEN FÜR 1 STRUDEL (CA. 6 STÜCK)
1 Pkg. fertiger Blätterteig oder 2 Strudelblätter

SPINATFÜLLE
300 g Blattspinat
4 Knoblauchzehen
40–60 g Butter

POLENTAFÜLLE
250 ml Milch • 250 ml Wasser
Salz • 130 g Polentagrieß
2 Eier • Pfeffer • Muskatnuss

150 g Käse, gerieben

ZUBEREITUNG

1 Für die Spinatfülle den Spinat in wenig Salzwasser kurz garen, auskühlen lassen.

2 Knoblauch schälen und hacken, die Butter zerlassen, Knoblauch kurz anschwitzen, den ausgekühlten Spinat grob schneiden und in der Knoblauchbutter schwenken.

3 Für die Polentafülle Milch und Wasser aufkochen, salzen, den Polentagrieß einrühren und bei schwacher Hitze ca. 20 Minuten ausquellen lassen, leicht abkühlen lassen, dann mit dem Mixer die Eier unterrühren, die Masse mit Pfeffer und Muskatnuss würzen.

4 Blätterteig ausrollen bzw. die Strudelteigblätter übereinanderlegen, die Hälfte des Teigs mit Polentafülle bestreichen, die Spinatfülle darauf verteilen und mit Käse bestreuen, einrollen, mit flüssiger Butter bestreichen (wird Blätterteig verwendet, den Strudel mit versprudeltem Ei bestreichen) und bei 180 °C (Blätterteig 200 °C) ca. 45 Minuten backen.

OCHSENSCHLEPPGULASCH
mit cremiger Polenta

ZUTATEN FÜR 4 PORTIONEN
2 kg Ochsenschlepp

GULASCHANSATZ
900 g Zwiebeln
60 ml Öl
3–4 EL edelsüßes Paprikapulver • 1 Schuss Essig
1 Schuss Wasser
1 EL Paradeisermark
1 TL Majoran, gerieben
1 Prise Kümmel, gemahlen
1 Knoblauchzehe
etwas abgeriebene Zitronenschale • Salz

GARNITUR
3 Paprikaschoten in verschiedenen Farben • Öl • Salz
Kräuter nach Belieben

POLENTA
500 ml Suppe
100 g Maisgrieß • Butter
Salz

ZUBEREITUNG

1 Für den Gulaschansatz die Zwiebeln schälen und fein schneiden, Öl in einem Topf erhitzen, Zwiebel anrösten, Paprikapulver rasch einrühren, sofort mit je einem kleinen Schuss Essig und Wasser ablöschen, Paradeisermark, Majoran, Kümmel, gepressten Knoblauch, geriebene Zitronenschale und Salz einrühren und alles weich dünsten.

2 Den Gulaschansatz mit dem Stabmixer pürieren, Ochsenschlepp hineingeben und zugedeckt auf dem Herd oder im Backrohr bei 180 °C ca. 3 Stunden dünsten, bei Bedarf Flüssigkeit nachgießen.

3 Das Gulasch ist ausreichend gegart, wenn sich das Fleisch leicht von den Knochen lösen lässt.

4 Für die Garnitur Paprika putzen, in Würfel schneiden, in wenig Öl anschwitzen, etwas Wasser untergießen, salzen und zugedeckt bissfest dünsten.

5 Für die Polenta Suppe oder gesalzenes Wasser aufkochen, Maisgrieß unter ständigem Umrühren einrieseln lassen und ein paar Minuten kochen.

6 Achtung: Da die Masse noch nachzieht und leicht zu fest wird, eher cremig halten, so viel Butter einrühren, dass sich eine sämige Konsistenz ergibt, mit Salz abschmecken.

7 Das Fleisch eventuell auslösen, Polenta auf einen Teller geben, Fleisch daraufsetzen, mit Paprika bestreuen, mit Sauce überziehen und mit Kräutern dekorieren.

POLENTAKNÖDEL
mit Gemüsefülle und Knusperspeck

ZUTATEN FÜR 4 PORTIONEN
220 g Polentagrieß
3 Eidotter
3 EL Obers
Salz und Pfeffer

150 g Bauchspeck, in dünne Streifen geschnitten

GEMÜSEFÜLLE
je 1 rote und grüne Paprikaschote
1 Fenchelknolle
1 Zwiebel
2 EL Olivenöl
1 TL Thymianblätter
1 TL scharfes Paprikapulver
Salz und Pfeffer
100 g Ziegenkäse

ZUBEREITUNG

1 Die Polenta nach Packungsanleitung in Wasser kochen, ausquellen und abkühlen lassen.

2 Die Paprikaschoten waschen, halbieren, entkernen und in kleine Würfel schneiden, den Fenchel in Scheiben und danach in Würfel schneiden, Zwiebel schälen und in kleine Würfel schneiden.

3 Das Olivenöl in einer geeigneten Pfanne erhitzen, Gemüse zugeben und bissfest dünsten.

4 Das ausgekühlte Gemüse mit Thymian, Paprikapulver, Salz und Pfeffer würzen.

5 Den Ziegenkäse in 12 Würfel schneiden.

6 Zur ausgekühlten Polenta Eidotter und Obers zugeben, mit Salz und Pfeffer würzen und gut vermischen, diese Masse in 12 Portionen teilen.

7 Jede Portion der Polentamasse mit feuchten Händen flach drücken, 1 EL Gemüse und 1 Würfel Ziegenkäse in die Mitte setzen, Knödel formen, diese in siedendem Salzwasser ca. 8 Minuten ziehen lassen.

8 Den Bauchspeck in einer beschichteten Pfanne knusprig braten, Knödel aus dem Wasser heben, abtropfen lassen und mit den Speckstreifen auf Tellern anrichten.

Tipp

Man kann statt der frischen Paprikaschoten außerhalb der Saison auch Paprikastreifen aus dem Glas verwenden!

KÜRBIS-POLENTA-AUFLAUF

ZUTATEN FÜR 6 PORTIONEN

800 g Kürbisfleisch (Hokkaido)
1 Zwiebel
2 Knoblauchzehen
1 EL Öl
wenig Gemüsesuppe
300 ml Milch
250 ml Gemüsesuppe
70 g Polentagrieß
100 g Käse, fein gerieben
2 Eier
Salz, Pfeffer, Currypulver
1 Bund Petersilie, fein geschnitten
Chilipulver und grüne Currypaste

Butter für die Form

ZUBEREITUNG

1 Zwei Drittel vom Kürbisfleisch in 1 cm große Würfel, den Rest in dünne Scheiben oder Spalten schneiden.

2 Zwiebel und Knoblauch schälen und fein schneiden, mit den Kürbiswürfeln im heißen Öl kurz anrösten, mit ganz wenig Gemüsesuppe angießen, sodass der Boden bedeckt ist, und zugedeckt kurz dünsten, beiseitestellen.

3 In einem Topf Milch und Suppe zum Kochen bringen, Polenta mit dem Schneebesen einrühren, einige Minuten köcheln lassen, Käse einrühren und vom Herd nehmen.

4 Die gedünstete Kürbis-Zwiebel-Knoblauch-Mischung, die Eier, Salz und Gewürze zur Polentamasse geben, vermischen und abschmecken.

5 Die Masse in die ausgebutterte hitzebeständige Form füllen, mit den Kürbisscheiben oder -spalten bedecken und im vorgeheizten Backofen bei 160 °C Heißluft ca. 40 Minuten backen.

STERZWURST
in Kürbiskernpanier

ZUTATEN FÜR CA. 16 STÜCK
100 g Bauchspeck
50 g Lauch
50 g Butter
500 ml Milch
250 g Polentagrieß
1 Ei
Salz und Pfeffer
Muskatnuss

PANIER
Mehl
Eier
Kürbiskerne, fein geschrotet

Öl zum Ausbacken

ZUBEREITUNG

1 Bauchspeck und Lauch in kleine Würfel schneiden, Butter in einer Pfanne schmelzen, Speck und Lauch darin anschwitzen, die Milch dazugeben und aufkochen lassen.

2 Den Polentagrieß einrühren und wie bei einem Brandteig unter Rühren abrösten, die Masse auskühlen lassen.

3 Danach das Ei einarbeiten und mit Salz, Pfeffer und Muskatnuss würzen.

4 Die Masse auf eine Frischhaltefolie geben und zu einer Wurst einrollen, für 4 Stunden in den Kühlschrank geben.

5 Dann die Folie entfernen und die Wurst in 1 cm dicke Scheiben schneiden, diese in Mehl, Ei und Kürbiskernen panieren und anschließend im heißen Öl schwimmend ausbacken.

KÄSEPOLENTA
auf Paradeiser-Zucchini-Gemüse

ZUTATEN FÜR 4 PORTIONEN

200 g Polentagrieß
750 ml Salzwasser
2 EL grüner Lauch, gehackt
2 EL Karotten, gewürfelt
50 g Champignons, gewürfelt
1 EL Butter
100 g Käse
Salz und Pfeffer
Butter für das Blech
und zum Braten
50 g Käse, gewürfelt

GEMÜSE
1 kleine Zwiebel
1 Knoblauchzehe
2 EL Butter
2 Paradeiser • 1 Zucchino
1 Handvoll Basilikumblätter
Salz und Pfeffer

ZUBEREITUNG

1 Den Maisgrieß in kochendem Wasser unter Rühren 20–30 Minuten köcheln und dann ausdünsten lassen, gelegentlich umrühren.

2 Lauch, Karotten und Champignons in Butter dünsten und zum heißen Maisgrieß geben, geriebenen Käse unterziehen und würzen.

3 Die Masse etwa 1 cm dick auf ein bebuttertes Blech aufstreichen und erkalten lassen, danach in Quadrate schneiden.

4 Für das Gemüse die in feine Ringe geschnittene Zwiebel und den fein gehackten Knoblauch in Butter dünsten, die in Spalten geschnittenen Paradeiser beigeben und kurz mitdünsten. Den in Scheiben geschnittenen Zucchino in einer Pfanne mit Butter anbraten, mit den Paradeiserspalten und in feine Streifen geschnittenem Basilikum vermischen und würzen.

5 Die Polenta-Quadrate in Butter goldbraun braten, gegen Ende der Bratzeit die Käsewürfel auf den Polenta-Quadraten verteilen und zugedeckt schmelzen lassen, das Gemüse auf vorgewärmten Tellern anrichten und mit den Käsepolentaschnitten anrichten.

POLENTANOCKEN
mit Käse überbacken

ZUTATEN
FÜR CA. 4 PORTIONEN

1 l Wasser
1 EL Salz
300 g Maisgrieß
100 g Schinken, gekocht und kleinwürfelig geschnitten
180 g Käse, feinwürfelig geschnitten
100 g Parmesan, gerieben
50 g Butter
4–5 EL Obers

ZUBEREITUNG

1 Wasser mit Salz aufkochen, Maisgrieß einrieseln lassen und unter ständigem Rühren zu einem dicken Brei einkochen, etwas auskühlen lassen.

2 Mit einem nassen Löffel aus der Maismasse Nocken abstechen und in eine mit Butter befettete Auflaufform geben.

3 Schinken und Käse über die Nocken verteilen, mit Parmesan bestreuen, mit Butterflocken und Obers abschließen und im vorgeheizten Backofen bei 180 °C 30–40 Minuten backen.

KANINCHEN
mit Apfelmost, Jungzwiebeln und Polentanockerln

ZUTATEN FÜR 4–5 PORTIONEN

4 Kaninchenkeulen (vorzugsweise gleich vom Fleischer auslösen lassen)
1 EL Zitronensaft
etwas Salz und Pfeffer
3 EL Olivenöl
4 Knoblauchzehen
4 Jungzwiebeln
4 Thymianzweige
250 ml Apfelmost
Wein zum Aufgießen
2 EL aromatischer Essig

POLENTANOCKERL
500 ml Wasser
etwas Salz und frisch gemahlener Pfeffer
120 g Polentagrieß
1 EL Butter
geriebener Parmesan

ZUBEREITUNG

1 Die ausgelösten Kaninchenkeulen jeweils in drei Stücke teilen, kalt abspülen, trocken tupfen und mit Zitronensaft, Salz und Pfeffer einreiben, mit Frischhaltefolie abdecken und 60 Minuten marinieren lassen.

2 Olivenöl in einer großen Pfanne erhitzen, Kaninchenfleisch einlegen und bei milder Hitze auf allen Seiten anbraten, damit das Fleisch langsam Farbe annimmt und sich ein hellbrauner Bratrückstand bildet.

3 Den geschälten Knoblauch und die gewaschenen, in grobe Stücke geschnittenen Jungzwiebeln zugeben, Thymianzweige darüberstreuen und 10 Minuten mitrösten lassen, danach den Apfelmost zugießen und zugedeckt weich dünsten.

4 Für die Polentanockerl Wasser mit Salz und Pfeffer aufkochen, den Polentagrieß einrieseln lassen und die Butter sowie den Parmesan zugeben, unter ständigem Rühren quellen lassen, zugedeckt warm stellen.

5 Das Kaninchen nach Bedarf mit etwas Wein aufgießen, einmal gut durchkochen und zuletzt mit Essig verfeinern.

6 Aus der Polentamasse Nockerl ausstechen und mit dem Kaninchenragout servieren, zuletzt das Gericht mit Thymian bestreuen.

POLENTAKUGELN
auf Paradeisersauce

ZUTATEN FÜR 4 PORTIONEN

250 ml Wasser
1 TL Kräutersalz
150 g Polentagrieß
ca. 20 entsteinte schwarze Oliven
100 g Schafkäse
Salz und Pfeffer

Thymian zum Bestreuen

PARADEISERSAUCE
je 1 Sträußchen Oregano und Thymian
250 ml passierte Paradeiser
1 EL Ketchup
1 EL Paradeisermark
frisch gemahlener Pfeffer
etwas Meersalz

ZUBEREITUNG

1 Das Wasser mit dem Kräutersalz zum Kochen bringen, die Hitze reduzieren und den Maisgrieß mit einem Schneebesen einrühren, unter Rühren etwa 2 Minuten quellen lassen, den Topf von der Kochstelle nehmen und noch etwa 10 Minuten ausquellen lassen.

2 Oregano und Thymian waschen, trocken tupfen und abrebeln, die passierten Paradeiser erwärmen und sowohl Ketchup als auch Paradeisermark unterrühren, die Paradeisersauce mit Pfeffer, Meersalz, Oregano und Thymian würzen und bei stärkerer Hitze etwa 5 Minuten köcheln lassen.

3 Die Oliven in kleine Stücke schneiden, den Schafkäse mit einer Gabel zerdrücken, Olivenstücke und Schafkäse unter die warme Maisgrießmasse mischen, mit Pfeffer und Salz würzen.

4 Die Paradeisersauce auf Tellern verteilen, mit einem Esslöffel oder Eisportionierer Nocken oder Kugeln von der Polentamasse abstechen und auf der Sauce anrichten, vor dem Servieren mit Thymian bestreuen.

POLENTA

AUF ITALIENISCHE ART UND INTERNATIONALE SPEZIALITÄTEN

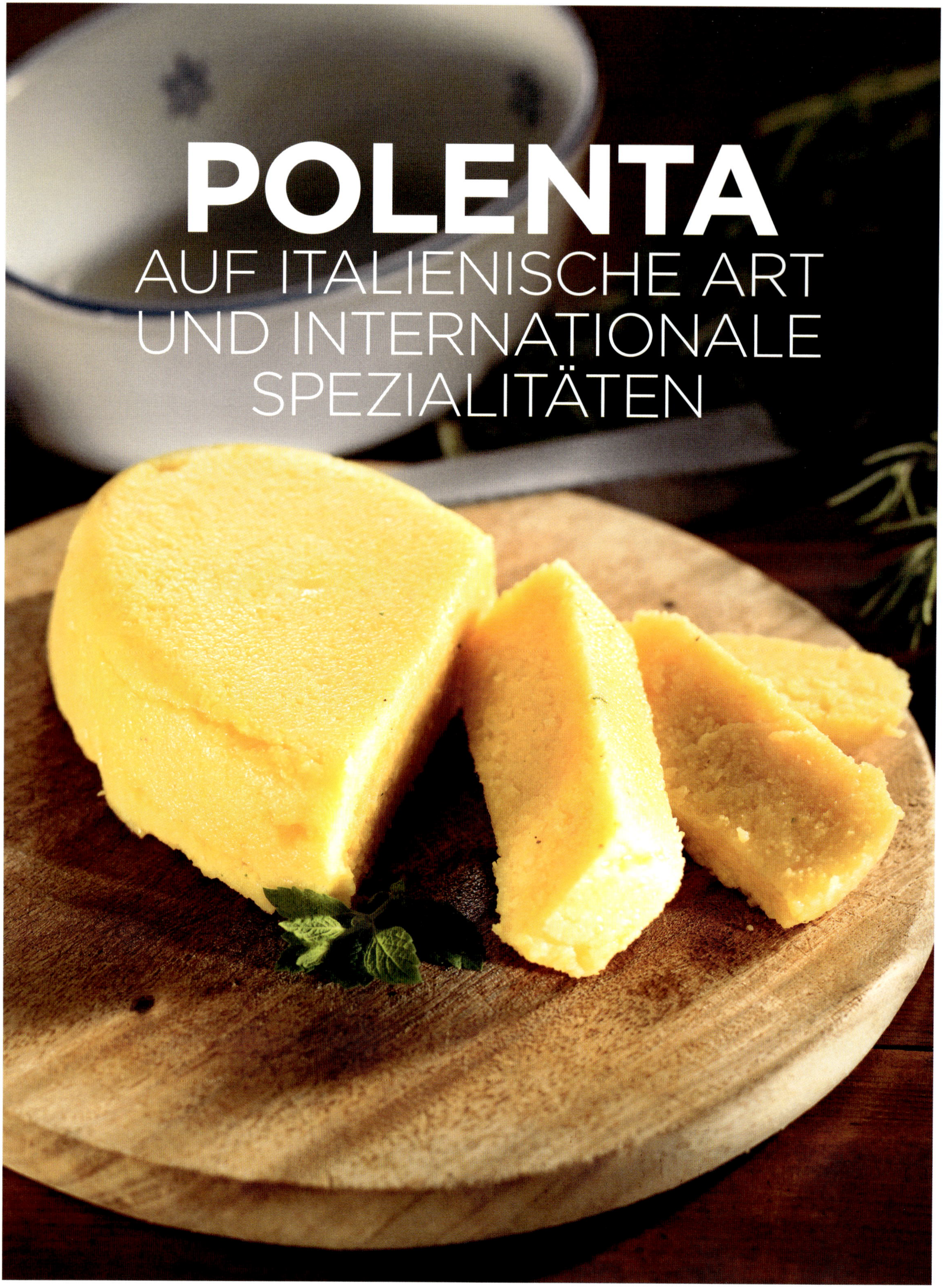

POLENTA-GRUNDREZEPT

ZUTATEN

220 g feiner oder mittelfeiner Maisgrieß
1 l kochendes Wasser (oder Wasser mit Suppenwürze oder 750 ml Wasser und 250 ml Milch)
½ TL Salz
30 g Butter

2–3 EL Reibkäse

ZUBEREITUNG 1. ART

1 Den Maisgrieß in das sprudelnd kochende Salzwasser schütten, glatt rühren, auf milde Hitze stellen und unter öfterem Rühren 20 Minuten quellen lassen.

2 Dann sofort in eine mit Öl ausgepinselte Schüssel geben, gut andrücken und auf eine Platte stürzen. Davon ca. 1 cm dicke Scheiben abschneiden.

ZUBEREITUNG 2. ART

1 Kochen wei bei 1. Art.

2 In die Polenta, sobald sie vom Feuer genommen wird, Butter und Reibkäse einrühren, die Masse auf eine flache gebutterte Platte (Backblech) oder in eine befettete Schüssel geben, sofort servieren oder auf dem Blech auskühlen lassen und weiter verarbeiten.

Tipp

Natürlich kann auch das einfache Grundrezept ohne Butter und Reibkäse für alle Polentagerichte verwendet werden. Man kann die Polenta mehr oder weniger fest kochen: Weniger fest wird die Polenta, wenn man die Maismenge um ca. 5–40 g verringert, sie wird dann eher breiförmig. Je weniger Flüssigkeit man zum Kochen verwendet, umso fester wird die Polenta.

Info

In unzähligen italienischen Küchen wird täglich in großen Töpfen die Polenta gerührt. Sie bildet in weiten Teilen Italiens die Grundlage der täglichen Nahrung. Goldkörniger Mais, zu ganz feinem Grieß gemahlen, wird mit Wasser oder mit einem leicht gesalzenen Wasser-Milch-Gemisch zu Polenta gekocht. Nach Wunsch wird Butter oder Reibkäse zugefügt. Die Polenta sieht so einfach und so unscheinbar aus, und dabei mundet sie so gut; am besten zu knusprig gebratenen Hühnchen, zu saucenreichen Braten und Ragouts, zu dicken Saucen, Fleisch- oder Krautrouladen. Und auch zahlreiche Abwandlungen der einfachen Polenta zu eigenständigen Haupt- oder Süßspeisen haben sich in Italien (und anderen europäischen Ländern) entwickelt, wie die Rezepte auf den folgenden Seiten beweisen. So ist z. B. in Bessarabien und im Vorkaukasus, wo sich große Maisfelder befinden, die Kukurusa eine sehr geschätzte und allgemein verbreitete Speise. Das aus Maismehl gebackene Brot spielt in diesen Gegenden die gleiche Rolle wie das Schwarzbrot in Russland, nur trinkt man dazu einen dort im Lande gedeihenden Wein und nicht Wodka.

RÖMISCHE KRUSTELN

ZUTATEN

220 g feiner Maisgrieß
1 l kochendes Salzwasser (oder Wasser mit Suppenwürze oder 750 ml Wasser und 250 ml Milch)
½ TL Salz
30 g Butter
2–3 EL Reibkäse

ZUBEREITUNG

1 Polenta nach dem Grundrezept (siehe S. 86) kochen und ca. 1 cm dick auf eine befettete, flache Platte (Backblech) streichen.

2 Ausgekühlt ca. 3 cm große Scheiben abstechen und schuppenförmig in eine feuerfeste, gebutterte Form einschichten, dick mit geriebenem Käse und Butterflocken bestreuen und überbacken.

Varianten

Variante I: Nach dem Einschichten der Scheiben mit Paradeiser- oder Käsesauce übergießen, mit Reibkäse bestreuen und 20 Minuten im heißen Backrohr überkrusten.

Variante II: Die Scheiben in Ei und Semmelbröseln wenden und in reichlich Fett knusprig braten.

ERDÄPFELPOLENTA

ZUTATEN

1,5 kg weiße mehlige Erdäpfel
4 EL Polentagrieß
Salz und Pfeffer
1 große Zwiebel
30 g Butter
Öl
300 g durchwachsener Speck, würfelig geschnitten
300 g Mozzarella oder Emmentaler, würfelig geschnitten

Tipp

Mit eingelegtem Gemüse und gekochten Bohnen in einer Sauce Vinaigrette servieren.

ZUBEREITUNG

1 Die geschälten Erdäpfel in Salzwasser kochen, mit dem Erdäpfelstampfer zerdrücken (am besten in einer Kupferschüssel, auf jeden Fall aber in einer Metallschüssel). Wenn die Masse glatt ist, langsam Polentagrieß, Salz und Pfeffer zugeben und weiter stampfen, bis sich die Masse vom Rand löst (dauert etwa 30 Minuten; um die Polenta warm zu halten, die Schüssel beim Stampfen entweder bei niedrigster Temperatur auf dem Herd lassen oder alle paar Minuten auf die Feuerstelle zurückstellen).

2 In einem anderen Topf die gehackte Zwiebel mit der Butter und dem Öl goldbraun braten, dann die Speckwürfel dazugeben und knusprig braten.

3 Wenn die Polenta-Erdäpfel-Masse glatt und sehr heiß ist, die Käsewürfel und die gebratenen Zutaten dazugeben und gut vermischen, das Ganze auf ein großes Holzbrett stürzen und glatt streichen.

4 Vor dem Servieren die Erdäpfel-Polenta mit einem langen, dicken, sauberen Faden in große Stücke schneiden.

POLENTAGRATIN
mit Frühlingszwiebeln und Gorgonzola

ZUTATEN
300 g Polentagrieß
ca. 1 l Wasser
Salz
1 EL Butter

SAUCE
200 g Frühlingszwiebeln (oder zur Hälfte Lauch und normale Zwiebeln)
Öl • 3 EL Butter
4 Knoblauchzehen, gehackt
6 EL Weißwein
Salz und Pfeffer
100 g Gorgonzola

ZUBEREITUNG

1 Polentagrieß in das kochende Salzwasser einrieseln lassen, bei schwacher Hitze 10 Minuten garen, dabei immer wieder kräftig durchrühren, 1 EL Butter einrühren und weitere 10 Minuten auf der heißen Platte lassen, kurz überkühlen lassen.

2 Für die Sauce die Frühlingszwiebeln in dünne Ringe schneiden, diese in heißem Öl mit 1 EL Butter nicht zu weich dünsten, Knoblauchzehen zugeben, mit Weißwein aufgießen und zugedeckt 4 Minuten kochen, salzen und pfeffern.

3 Den würfelig geschnittenen Gorgonzola zugeben und so lange rühren, bis sich der Käse aufgelöst hat, von der Platte nehmen.

4 Mit einem kleinen Schöpflöffel oder — noch besser — mit einem Eisportionierer 12–16 Bällchen aus der ausgekühlten Polentamasse ausstechen und auf ein befettetes Backblech (oder in eine große Bratenform) setzen. Mit der Sauce umgießen und mit je einem Butterflöckchen besetzen. Im mäßig vorgeheizten Rohr bei 200 °C 15–20 Minuten überbacken.

Tipp

Anstatt die Polentamasse in Bällchen auf ein Backblech oder in eine Bratenform zu geben, kann man sie natürlich auch gleichmäßig aufstreichen und die Sauce darauf verteilen, wie am Foto zu sehen ist.

POLENTA ALLA GRIGLIA

(Gegrillte Polenta mit Spiegelei)

ZUTATEN
FÜR 6 PORTIONEN

500 ml Wasser
Salz
150 g Maisgrieß
6 EL Olivenöl
6 Eier
Pfeffer
50 g geriebener Parmesan

ZUBEREITUNG

1 Das Wasser in einem großen Topf aufkochen lassen, etwas Salz zufügen und den Maisgrieß unter ständigem Rühren mit dem Schneebesen einrieseln lassen, bis die Polenta dick ist und sich vom Topfrand löst, dabei des Öfteren mit einem langen Holzlöffel umrühren.

2 Die gekochte Polenta in eine mit kaltem Wasser ausgespülte quadratische Form von 15 cm Kantenlänge füllen, glatt streichen und vollkommen auskühlen lassen, aus der Form stürzen und in 6 gleich große Stücke schneiden.

3 Die Polentascheiben beidseitig mit Olivenöl bestreichen und auf dem heißen Grill oder in der Pfanne auf jeder Seite 3 Minuten braten.

4 Das restliche Öl in einer Pfanne erhitzen, die Eier hineinschlagen, Spiegeleier braten, mit Salz und Pfeffer würzen.

5 Die Polentascheiben auf Tellern anrichten, jeweils ein Spiegelei daraufsetzen, mit Parmesan bestreuen und sofort auftragen.

TISCHPOLENTA

ZUTATEN

1 große Zwiebel
1 große Karotte
1 große Stange Sellerie
3 Knoblauchzehen
5 EL Olivenöl
1 Handvoll frische Petersilie und Basilikum
1 l passierte Paradeiser
1 Trockenwürstel, feinblättrig geschnitten
Salz und Pfeffer
400 g Polentagrieß
750 ml Wasser

ZUBEREITUNG

1 Das Gemüse putzen, schälen und fein hacken.

2 Olivenöl in einen großen Topf geben, Gemüse und fein gehackte Kräuter darin braten, bis die Zwiebel glasig ist, passierte Paradeiser hineingießen, die Wurstscheiben hinzufügen und mit Salz und Pfeffer abschmecken, zudecken und etwa 90 Minuten schmoren lassen.

3 Den Maisgrieß in einen großen Topf mit kochendem Salzwasser schütten, unter ständigem Rühren etwa 30 Minuten kochen, wobei sich auf der Oberfläche Blasen bilden sollten. Die Polenta ist gar, wenn sie sich vom Topfrand löst.

4 Die Polenta in einer weiten Schüssel anrichten, die Gemüse-Wurst-Mischung darüber verteilen und auftischen.

Info

Früher wurde die Tischpolenta – wie der Name besagt – direkt auf den Tisch gestürzt, und zwar genau in die Mitte, ein wenig ausgebreitet, die Wurstmischung darüber verteilt, jeder bekam eine Gabel und bediente sich selbst.

ITALIENISCHE POLENTAPIZZA

ZUTATEN
500 ml Gemüsesuppe
150 g Maismehl
3 EL Paradeisermark
1 Knoblauchzehe
Salz und Pfeffer
Oregano, Basilikum
1 Zwiebel • 1 Paradeiser
1 kleiner Zucchino
1 rote Paprikaschote
1 TL Öl
1 EL geriebener Käse
nach Belieben Petersilie oder andere Kräuter

ZUBEREITUNG

1 Gemüsesuppe aufkochen, mit der Schneerute Maismehl einrühren und auf kleinster Flamme ca. 10 Minuten kochen, Hitze abschalten und 10–20 Minuten quellen lassen (es muss ein dicker Brei entstehen).

2 In der Zwischenzeit das Paradeisermark mit wenig Wasser zu einem dicken Brei verdünnen, Knoblauch und Gewürze zugeben.

3 Zwiebel, Paradeiser, Zucchino und Paprikaschote klein schneiden und kurz in Öl dünsten, salzen.

4 Den noch heißen Maisbrei auf einem Backblech ca. 2 cm hoch aufstreichen. Paradeisermark daraufstreichen, Gemüse und Käse darüber verteilen, mit Kräutern bestreuen und 15 Minuten im Backrohr überbacken.

Tipp

Vor dem Servieren portionieren und mit frisch gehackten Kräutern bestreuen.

Variante

Der Belag kann nach Belieben variiert werden (Wurzelgemüse, Artischocken, Spargel, Schinken, Salami, Thunfisch etc.). Auch verschiedene Gewürze (z. B. Koriander) oder beliebige Käsesorten (Bergkäse, Emmentaler, Mozzarella) bringen Abwechslung.

GNOCCHI DI POLENTA AL GORGONZOLA

(Nockerl aus Maisgrieß mit Gorgonzola)

ZUTATEN

1,25 l Wasser
Salz
350 g Maisgrieß (möglichst grob gemahlen)
180 g Gorgonzola
100 g gekochter Schinken
100 g Butter
100 g Parmesan, frisch gerieben
4–5 EL Obers

Butter für die Form

ZUBEREITUNG

1. Aus Wasser, Salz und Maisgrieß unter ständigem Rühren eine feste Polenta kochen.
2. Gorgonzola und Schinken in kleine Würfel schneiden.
3. Mit zwei nassen Esslöffeln Nockerl aus dem Maisbrei formen und in eine gebutterte Auflaufform setzen (drei Lagen bilden: die erste mit den Gorgonzolawürfeln bestreuen und einige Butterflöckchen daraufgeben, auf der zweiten Lage den Schinken verteilen und den Parmesan darüberstreuen, auf die oberste Lage die restliche Butter geben und das Obers darüberträufeln. Im auf 200 °C vorgeheizten Backrohr auf der mittleren Schiene etwa 30 Minuten goldbraun überbacken.

Tipp

Grob gemahlener Maisgrieß braucht eine wesentlich längere Kochzeit, mehr Flüssigkeit und schmeckt kerniger. Wer nicht so lange rühren möchte, nimmt feinen, vorbehandelten Polentagrieß – dieser muss nur ca. 5 Minuten gekocht werden.

POLENTA ALLA PANCETTA

ZUTATEN

1,25 l Wasser
Salz
350 g Maisgrieß (möglichst grob gemahlen)
50 g Butter
2 Zwiebeln
150 g durchwachsener Räucherspeck
2 EL Schweineschmalz oder Olivenöl

Parmesan zum Bestreuen

ZUBEREITUNG

1. Aus Wasser, Salz und Maisgrieß unter ständigem Rühren eine feste Polenta kochen.
2. Mit zwei nassen Esslöffeln Nockerl aus dem Maisbrei formen und in eine gebutterte Auflaufform setzen.
3. Die Zwiebeln in dünne Ringe schneiden, den durchwachsenen Räucherspeck in ganz kleine Würfel schneiden.
4. Das Schweineschmalz oder Olivenöl erhitzen und den Speck und die Zwiebeln darin bei schwacher Hitze so lange braten, bis die Zwiebelringe weich, aber nicht gebräunt sind.
5. Die Zwiebel-Speck-Mischung über die Nockerl geben. Nach Belieben mit Parmesan bestreuen.

POLENTA NACH LASAGNE-ART

ZUTATEN

170 g Maisgrieß
600 ml Wasser
Salz
10 g getrocknete Pilze
1 Zwiebel
1 Karotte
1 Stange Sellerie
80 g Butter
100 g Rindersteak, würfelig geschnitten
250 ml trockener Weißwein
150 g reife Paradeiser, gehäutet, entkernt und gehackt
1 TL Paradeisermark
Salz und Pfeffer
50 g Hühnerleber, gesäubert und gehackt
50 g Parmesan, gehobelt

ZUBEREITUNG

1 In einem großen Topf den Polentagrieß in das kochende Salzwasser einrieseln lassen, unter ständigem Umrühren 30 Minuten kochen, bis sich die Polenta vom Topfrand löst, Polenta auf ein Brett stürzen und fest werden lassen, danach in ca. 1 cm dicke Scheiben schneiden.

2 Die getrockneten Pilze mit lauwarmem Wasser bedecken und etwa 15 Minuten einweichen. Inzwischen Zwiebel, Karotte und Sellerie fein schneiden, mit etwa einem Drittel der Butter in einen Topf geben und braten, bis alles weich ist.

3 Das Fleisch dazugeben und rundherum anbräunen, mit Wein aufgießen und rasch aufkochen, etwa 5 Minuten kochen lassen, damit der Alkohol verdampfen kann, die Paradeiser und das Paradeisermark dazugeben, abschmecken und umrühren, zudecken und 30 Minuten schmoren.

4 Die Pilze abtropfen lassen, durchschneiden (falls sie zu groß sind) und 30 Minuten mitgaren, die Hühnerleber schnell in etwa 20 g Butter garen.

5 Eine feuerfeste Form buttern, auf den Boden eine Lage Polentascheiben geben, ein wenig Fleischsauce darübergießen und etwas Parmesan darauf verteilen, mit einer weiteren Lage Polentascheiben bedecken, mit Butterflocken und ein wenig Hühnerleber belegen, Parmesan obenauf geben, diesen Vorgang noch einmal wiederholen und mit Parmesan und Butter abschließen. Im heißen Ofen bei 200 °C 20–25 Minuten backen.

MAISBROT

ZUTATEN

2 Tassen Mehl
2 Tassen Maisgrieß
1 Tasse Zucker
2 TL Backpulver
1 TL Salz • 1 Ei
1 gehäufter EL Schweine-schmalz • etwas Milch

ZUBEREITUNG

1 Alle Zutaten mit der Milch verrühren, bis eine glatte, nicht zu flüssige Masse entsteht.

2 Aus dieser einen Laib formen und bei 180 °C 20–25 Minuten im Backohr backen.

MAISBROT II

ZUTATEN

3 Tassen Mehl
1 Tasse Maisgrieß
1 Tasse brauner Zucker
2 TL Backpulver
2 TL Natron • 4 Eier
½ Tasse Pflanzenöl

ZUBEREITUNG

1 Alle Zutaten verrühren, sodass ein eher flüssiger Teig entsteht.

2 Diesen in ein Backblech mit Rand füllen und bei 220 °C 20–30 Minuten im Rohr backen.

GEKOCHTE ODER GEGRILLTE MAISKOLBEN

Die einfachste Art, Mais zu genießen:
Die Maiskolben von den Blättern und dem faserigen Bart befreien und in leicht gesalzenem Wasser ca. 20 Minuten garen.
Die Maiskolben mit frischer Butter bestreichen und die wohlschmeckenden Körner abknabbern.
Man kann Maiskolben natürlich auch grillen, dazu die mit Butter bestrichenen Maiskolben auf dem Grill unter mehrmaligem Wenden etwa 15 Minuten garen, erst vor dem Essen salzen.

Maisbrot

MAISMEHLGARNICA
(Rumänien)

ZUTATEN
400 g Maismehl, grob gemahlen
Salzwasser
Semmelbrösel
Öl

ZUBEREITUNG

1 Maismehl in siedendem Salzwasser zu einem dicken Brei kochen, diesen in eine Schüssel stürzen, etwas ruhen lassen.

2 Semmelbrösel in Öl bräunen, mit zwei in Wasser getauchten Esslöffeln Nocken aus dem Brei abstechen, diese in den Semmelbröseln wälzen und heiß servieren.

MOHNGARNICA
(Rumänien)

ZUTATEN
400 g Maismehl, grob gemahlen
Salzwasser
2 EL Staubzucker
4 EL Honig
4 EL Mohn, gemahlen

ZUBEREITUNG

1 Maismehl in siedendem Salzwasser zu einem dicken Brei kochen, anschließend in eine Schüssel stürzen.

2 Mit einem in Wasser getauchten Löffel Nocken abstechen, diese in einer Mischung aus Zucker, Honig und Mohn wälzen, sofort servieren.

MAMALIGA
(Rumänisches Nationalgericht)

ZUTATEN
220 g Maismehl
1 l Wasser
Salz
250 g Sauerrahm
500 g Topfen (oder Schafkäse)

ZUBEREITUNG

1 Einen festen Maisbrei zubereiten und darunter mit Sauerrahm verrührten Topfen oder Schafkäse mischen.

2 Die Mamaliga in eine feuerfeste Schüssel füllen, für ein paar Minuten in das heiße Backrohr stellen.

3 Anschließend die Mamaliga aus der Schüssel auf ein Brett stürzen.

Tipp

Statt Topfen oder Schafkäse kann auch Bryndsja verwendet werden, die Bestandteil der ukrainischen Mamalyga ist. Dieser schnittfeste Salzlakenkäse, der nicht mit dem bei uns verwendeten Brimsen verwechselt werden darf, wird über das Gericht gerieben. Eine weitere Möglichkeit ist, Bryndsja durch Pecorino zu ersetzen.

UKRAINISCHE MAMALYGA

ZUTATEN

400 g Maismehl oder feiner Maisgrieß
Salz • 1,2 l Wasser
200 g roher Schweinespeck
2–3 Zwiebeln
120 g Salzlakenkäse Bryndsja oder Pecorino
4 kleine Auflaufformen mit Deckeln

Variante

Eine deftigere Variante der Mamalyga ist der huzulische Banosch. Für diese kalorienreiche Variante statt Wasser Obers oder mit Sauerrahm vermischtes Wasser verwenden. Serviert wird Banosch mit Schwartenbauchfleisch bzw. Schweinespeck, Bryndsja (siehe Tipp links) und mit Pilzen als Beilage.

ZUBEREITUNG

1 In 4 feuerfeste kleine Auflaufformen jeweils 100 g Maismehl streuen, salzen und mit je 300 ml kochendem Wasser auffüllen.

2 Die Auflaufformen mit Deckeln in den auf 200 °C vorgeheizten Backofen stellen und 1 Stunde garen.

3 Unterdessen den Schweinespeck in Würfel schneiden, die Zwiebeln schälen, waschen und fein hacken, die Bryndsja fein reiben.

4 Eine Bratpfanne erhitzen, den Schweinespeck hineingeben und bei mittlerer Hitze Grammeln braten (die Speckwürfel goldgelb anbraten, dabei muss ein bedeutender Teil des Fettes ausgeschmolzen werden).

5 Dann zu den Grammeln die fein gehackten Zwiebeln hinzugeben und unter gelegentlichem Umrühren 5 Minuten goldgelb anbraten.

6 Anschließend die Auflaufformen aus dem Backofen nehmen und die Grammeln und die angebratenen Zwiebeln mit dem ausgeschmolzenen Fett sowie die geriebene Bryndsja unter die Mamalyga mengen (wenn während der Zubereitung noch Maisbreireste an den Wänden der Auflaufformen haften geblieben sind, so werden sie sich beim Untermengen der Zutaten lösen und in der Gesamtmasse aufgehen).

7 Die Mamalyga noch 15–20 Minuten lang stehen lassen, dann leicht abgekühlt servieren.

SÜSSE POLENTA-GERICHTE

Süße Polentacreme

SÜSSE POLENTACREME

ZUTATEN

500 ml Milch
1 Zimtstange
5 Gewürznelken
½ Zitrone (unbehandelt)
100 g Polentagrieß
60 g Honig
60 ml Milch
1 TL Zimt
1 EL Rum
125 g Magerjoghurt
80 g Mandeln
125 ml Obers
4 EL Preiselbeeren
8 Mandelkerne

ZUBEREITUNG

1 Milch mit Zimtstange, Gewürznelken und Zitronenschale aufkochen, Zimtstange und Gewürznelken anschließend herausnehmen und den Polentagrieß einkochen, unter ständigem Rühren aufkochen lassen.

2 Brei vom Herd nehmen, etwas überkühlen lassen und den Honig dazugeben, im Kühlschrank mit einem feuchten Tuch zugedeckt auskühlen lassen (am besten am Vorabend zubereiten).

3 Den gekühlten Polentabrei mit der Milch glatt rühren, Zimt, Rum und Joghurt dazugeben.

4 Mandeln hacken und rösten, Obers aufschlagen und mit den gerösteten Mandeln unter die Polentamasse heben, eventuell mit Honig nachsüßen.

5 Je 1 EL Preiselbeeren in 4 Gläsern verteilen und die Polentacreme einfüllen, mit ganzen Mandelkernen garnieren.

POLENTAPUDDING

mit Früchten der Saison

ZUTATEN

600 ml Milch
100 g Polentamehl
100 g Rosinen
25 g Butter • 1 EL Honig
etwas Vanillemark
Saft und geriebene Schale von 1 Bio-Zitrone
75 g Pecannüsse, gestoßen

klein- bzw. in Scheiben geschnittenes Obst der Saison
etwas Schlagobers oder Joghurt zum Garnieren

ZUBEREITUNG

1 Milch in einen Topf geben und bis knapp unter den Siedepunkt erwärmen, Polentamehl in eine Schüssel geben und die warme Milch langsam darübergießen, gut durchrühren, dann die Mischung wieder in den Topf füllen.

2 Unter ständigem Umrühren zum Kochen bringen und bei geringer Hitze 5 Minuten köcheln lassen, bis die Masse zäh wird.

3 Vom Herd nehmen, Rosinen, Butter, Honig und Vanillemark dazugeben und gut mit der Masse vermischen, Zitronensaft und -schale hinzufügen, untermischen, die Nüsse einrühren.

4 Brei beiseitestellen, ein Backblech einölen, darauf die Masse verteilen, bis ein Außenmaß von etwa 20 x 30 cm erreicht ist (am besten einen Löffel dazu benutzen), 2 Stunden fest werden lassen.

5 Den Polentapudding in Stücke schneiden und mit frischen Früchten belegen (man kann den Pudding auch mit Obstpüree anrichten) und mit Schlagobers oder Joghurt servieren.

Tipp

Anstatt den Pudding auf dem Backblech aufzustreichen, kann man ihn auch in mit kaltem Wasser ausgeschwemmten Puddingformen erstarren lassen und danach auf Teller stürzen.

SÜSSE POLENTA
mit Früchten

ZUTATEN
600 ml Wasser
Salz
300 g Maisgrieß

1 Banane
1 Apfel
2 Kiwis
5 EL Ananassaft
2 EL Honig
1 TL Zimtpulver
2 EL Rosinen

ZUBEREITUNG

1 Das Salzwasser zum Kochen bringen, den Maisgrieß einrühren und einmal aufkochen lassen; danach (zugedeckt) von der Kochstelle nehmen, öfters umrühren, bis der Maisgrieß weich ist; anschließend die Masse auskühlen lassen.

2 Die Banane, den Apfel und die Kiwis schälen und in gleich große Stücke schneiden, in einer Schüssel den Ananassaft mit Honig und Zimtpulver gut verrühren, die Rosinen und die Früchtewürfel zugeben.

3 Die Polenta mit einer Gabel zerteilen, vorsichtig mit den Früchten vermischen und in Portionen servieren.

Um die Maiskolben zum Trocknen aufhängen zu können, wurden die unterschiedlichsten Konstruktionen angefertigt.

TOPFENKNÖDEL MIT MAISGRIESS

ZUTATEN

250 g trockener Topfen (20 % Fett)
2–3 EL Maisgrieß
1 großes Ei (oder 2 kleine)
Salz
2–3 EL Brotbrösel
100 g Nüsse, gemahlen
4 Portionen Zwetschkenmus

ZUBEREITUNG

1 Topfen, Maisgrieß, Ei, Salz und Brotbrösel vermischen, wenn die Masse zu „nass" ist, etwas Maizena (Maisstärke) untermengen.

2 Den Teig etwas rasten lassen, anschließend 5–6 Knödel formen und in leicht kochendes Salzwasser geben, 10 Minuten sanft kochen und weitere 10 Minuten ziehen lassen.

3 Die gemahlenen Nüsse ohne Fett etwas anrösten, die fertigen Knödel damit bestreuen und mit Zwetschkenmus servieren, nach Wunsch mit Staubzucker bestreuen.

GEBRATENE POLENTASCHEIBEN
mit Zucker und Zimt

ZUTATEN

1 l Wasser
Salz
400 g Maisgrieß

60 g Butter
2 EL Zucker oder Honig
1 TL Zimt
eventuell 300 g Zwetschkenmus

ZUBEREITUNG

1 Den gekochten Maisgrießbrei (siehe Seite 100, Punkt 1) auf einem nassen Brett zu einer ca. 6 cm dicken Rolle formen, davon 2 cm dicke Scheiben abschneiden, diese in heißer Butter auf beiden Seiten goldbraun braten.

2 Polentascheiben mit Zucker und Zimt bestreuen oder je zwei Scheiben mit Zwetschkenmus zusammensetzen.

Tipp

Schmeckt gut mit Milch, Apfelmus oder Kompott.

POLENTAKNÖDEL
auf Vanillesauce

ZUTATEN

250 ml Milch
Salz
60 g Polentagrieß
1 Ei
2 Eidotter
1 EL Staubzucker
1 Pkg. Vanillezucker
125 ml Obers

50 g Erdbeeren zum Garnieren

ZUBEREITUNG

1 Milch mit Salz zum Kochen bringen.

2 Den Polentagrieß einrühren und so lange rühren, bis ein Kloß entsteht, auskühlen lassen, anschließend das Ei unterrühren.

3 Kleine Knödel formen und in kochendem Salzwasser 15 Minuten leicht köcheln lassen.

4 Eidotter mit Staubzucker, Vanillezucker und Obers über einem heißen Wasserbad und unter ständigem Schlagen wärmen, bis sich die Sauce bindet.

5 Die Polentaknödel auf Teller geben, die Vanillesauce darübergießen und mit Erdbeeren garnieren.

MAISGRIESSSOUFFLÉ *mit frischen Feigen*

ZUTATEN
330 ml Milch
1 Prise Salz
70 g Maisgrieß
2 Eier
2–3 EL Honig

1 EL Butter und
Semmelbrösel
für die Förmchen

250 ml Rotwein
2 Msp. gemahlener Zimt
3 EL Johannisbeerlikör
½ TL Vollkornmehl oder
Maisstärke

4 frische Feigen
1 kleiner Bund Pfefferminze

ZUBEREITUNG

1 Milch mit Salz zum Kochen bringen, Maisgrieß in die Milch rühren und bei mittlerer Hitze 15 Minuten quellen lassen, dabei öfter umrühren, damit die Masse nicht ansetzt.

2 Den Topf zur Seite stellen und die Masse etwa 5 Minuten abkühlen lassen.

3 Die Eier trennen, Eidotter und 1 EL Honig unter die Maismasse rühren, weitere 5 Minuten abkühlen lassen.

4 Eiklar steif schlagen und Eischnee mit einem breiten Kochlöffel oder Teigschaber vorsichtig unter die Maismasse heben.

5 Vier kleine Souffléförmchen oder Tassen mit zerlassener Butter auspinseln und mit Semmelbröseln bestreuen, die Förmchen (Tassen) zu ¾ mit der Maismasse füllen und im auf 180 °C vorgeheizten Backrohr 30 Minuten backen.

6 In der Zwischenzeit Rotwein mit 2 EL Honig leicht erhitzen, bis der Honig aufgelöst ist, Zimt, Likör und Mehl zugeben.

7 Die Stiele der 4 Feigen abschneiden, die Feigen jeweils in 6 Teile schneiden und zum Rotwein geben, Pfefferminzblätter in feine Streifen schneiden und in die Sauce rühren.

8 Soufflés aus den Tassen auf Teller stürzen, die Sauce mit den Feigen dazugießen und das Dessert mit Pfefferminzblättern garnieren.

Maiskolben wurden auch häufig in Wirtschaftsgebäuden unter dem Dach zum Trocknen aufgehängt.

SÜSSER MAISGRIESSAUFLAUF

ZUTATEN

300 g Maisgrieß
1,5 l Milch
½ TL Salz
50 g Zucker oder 2 EL Honig
20 g Germ

BELAG
500 g Äpfel
125 g Sauerrahm
2 EL Honig oder Zucker
50 g Rosinen
Saft und Schale von ½ Bio-Zitrone
1 TL Zimt

40 g Butter

ZUBEREITUNG

1 Den Maisgrieß in eine Schüssel geben und mit kochender Milch übergießen, wenn dieser Brei lauwarm ist, Salz, Zucker und die zerbröselte Germ daruntermengen.

2 Für den Belag die Äpfel schälen, dünnblättrig schneiden und mit den übrigen Zutaten (außer der Butter) vermischen.

3 ⅓ der Maisgrießmasse in eine bebutterte Auflaufform geben, darüber die Hälfte der Apfelmasse verteilen, Vorgang wiederholen und mit Maisgrießmasse abschließen.

4 Mit ein paar Butterflöckchen belegen und bei 180 °C 45 Minuten im Backrohr backen.

Tipp

Statt der Äpfel kann man jede beliebige Obstart verwenden.

STERZAUFLAUF *mit Fruchtsauce*

ZUTATEN

250 ml Milch • Salz
50 g Maisgrieß
Saft und abgeriebene Schale von ½ Bio-Zitrone • 3 Eier
20 g Zucker • 25 g Butter
Butter für die Form

SAUCE
100 g Erdbeeren, Himbeeren oder Heidelbeeren
20 g Zucker • Zitronensaft

Tipp

Der Auflauf bekommt eine schöne Farbe, wenn man die Förmchen mit braunem Zucker ausstreut.

ZUBEREITUNG

1 Milch mit etwas Salz aufkochen, Maisgrieß und Zitronenschale einrühren und bei kleiner Hitze 15 Minuten quellen lassen, dann die Masse auskühlen lassen.

2 Eier trennen, Eiklar mit Zucker zu Schnee schlagen, Eidotter mit der Butter schaumig rühren, Zitronensaft zugeben. Die Eidottermasse mit der Grießmasse vermengen, den Eischnee unterheben.

3 Auflaufförmchen mit geschmolzener Butter ausstreichen und mit Zucker ausstreuen, die Masse ¾ voll in die Förmchen füllen.

4 In einem ausreichend großen Topf etwa fingerhoch Wasser aufkochen, eine Papierserviette auf den Boden des Geschirrs legen, Förmchen auf die Serviette ins Wasser setzen (die Förmchen sollen ca. 2 cm im Wasser stehen), Sterzauflauf im Rohr bei 250 °C ca. 20 Minuten garen.

5 Für die Fruchtsauce die Beeren verlesen, wenn nötig waschen, im Mixer pürieren, durch ein Passiersieb streichen und mit Zucker und Zitronensaft abschmecken.

6 Sterzauflauf aus den Förmchen stürzen und mit Fruchtsauce servieren.

POLENTA-TOPFEN-AUFLAUF
mit Karamellbirnen

ZUTATEN
FÜR 4 PORTIONEN

250 ml Milch
30 g Butter
80 g Kristallzucker
1 Pkg. Vanillezucker
abgeriebene Schale von ½ Zitrone (unbehandelt)
150 g Polentagrieß
250 g Topfen (20 % F. i. Tr.)
1 Ei

Butter für die Förmchen

KARAMELLBIRNEN
2 Birnen
20 g Butter
100 g Kristallzucker
20 ml Birnenschnaps
100 ml Birnensaft
etwas Zimt, gemahlen

ZUBEREITUNG

1 Für die Karamellbirnen die Birnen vierteln und entkernen (falls gewünscht, auch schälen), Butter in einer geeigneten Kasserolle schmelzen, Kristallzucker zugeben und hell karamellisieren, mit Birnenschnaps und Birnensaft ablöschen und langsam köcheln lassen, bis sich der Karamell aufgelöst hat.

2 Dann die Birnenviertel und etwas Zimt zugeben und 2 Minuten mitkochen, auskühlen lassen.

3 Für den Auflauf Milch, Butter, Kristallzucker, Vanillezucker und abgeriebene Zitronenschale in einer Kasserolle zum Kochen bringen, Polentagrieß zugeben und gut (am besten mit einem Schneebesen) unterrühren, noch einmal aufkochen lassen, vom Herd nehmen und zugedeckt auskühlen lassen.

4 In die kalte Polentamasse den Topfen und das Ei einrühren, eine Auflaufform oder 4 kleine Förmchen gut mit Butter ausfetten und die Masse einfüllen.

5 Den Auflauf im vorgeheizten Backofen bei 180 °C ca. 30 Minuten backen, aus dem Ofen nehmen und mit den Birnen servieren.

Tipp

Wurde eine Auflaufform verwendet, den Auflauf vorsichtig mit einem Messer vom Rand lösen und stürzen, danach portionieren; wenn kleine Förmchen verwendet wurden, kann man das Gericht direkt darin servieren oder den Auflauf ebenfalls nach dem Loslösen vom Rand stürzen.

Reife Maiskolben

MAISGRIESSPARFAIT
mit Beerensauce

ZUTATEN

500 ml Milch • 20 g Butter
60 g Honig • 1 Msp. echte Vanille (Pulverform)
1 Prise Salz • 70 g Maisgrieß
2 Eiklar • 30 g Mandeln, blanchiert und gerieben
½ TL Zitronensaft
½ TL geriebene Schale von 1 Bio-Zitrone • 2 Eidotter

SAUCE
150–200 g Himbeeren, Erdbeeren oder Heidelbeeren
etwas Honig

ZUBEREITUNG

1 Milch mit Butter, Honig, Vanille und Salz aufkochen, Maisgrieß einrühren, 5–8 Minuten auf kleiner Flamme kochen.

2 Inzwischen die Eiklar steif schlagen, die Maisgrießmasse vom Herd nehmen und sofort die Mandeln und den Eischnee unterheben, danach Zitronensaft und -schale sowie die Eidotter einrühren, die Maisgrießmasse in eine mit Frischhaltefolie ausgelegte Form füllen und einige Stunden tiefkühlen.

3 Das Parfait aus der Form stürzen, Folie lösen, Parfait portionieren und je nach Saison und Gusto mit Beerenpüree, gesüßt mit Honig, servieren.

Tipp

Für diese Süßspeise kann man auch Vollweizengrieß anstatt Maisgrieß verwenden.

SÜSSER MAISGRIESSBREI

ZUTATEN

500 ml Wasser
Salz
170 g Maisgrieß
500 ml Milch
1 TL Ingwer, frisch gerieben
1 TL Koriander
Zitronenschale
reichlich Basilikum
etwas Salbei, Zitronenmelisse
30 g Butter oder 80 g Obers
Apfel-Birnen-Saft, Ahornsirup oder Honig

ZUBEREITUNG

1 In kochendem Salzwasser Maisgrieß unter Rühren 5–10 Minuten zu dickem Brei kochen, 20 Minuten in einem fast kochenden Wasserbad nachquellen lassen, nach und nach knapp die Hälfte der Milch (nicht unter 10 °C) einrühren, Hitze drosseln (so den Maisgrieß bei 60–70 °C 30 Minuten gut ausquellen lassen), die Gewürze und klein gehackten Kräuter beigeben.

2 Den Rest der Milch auf 50 °C erwärmen, mit dem Schneebesen luftig unter die Maisgrießmasse schlagen, Butter oder Schlagobers hinzufügen, abschmecken und nachwürzen.

3 Süßen nach Wunsch mit Apfel-Birnen-Saft, Ahornsirup oder erst bei Tisch mit Honig.

Variante

Zubereitung wie Maisgrießbrei, aber nur 300 ml Milch zufügen, würzen wie oben, kalt stellen. 100 g Obers sehr steif schlagen, zuletzt mit 1–2 EL Honig und etwas Zitronensaft abschmecken. Alles mit dem Schneebesen leicht unter den Maisgrieß heben. So wird der schwerfällige Mais aufgelockert und mit wärmender Würzkraft durchzogen.

STERZ- ODER GRIESSFLAMMERI

ZUTATEN

250 ml Milch
1 Prise Salz
40 g Maisgrieß • Zucker
Schale von je ½ Bio-Orange und -Zitrone
2 EL Orangenlikör
2 Blatt Gelatine
185 ml Obers • 100 g Zucker
4 EL Rumfrüchte (Zwetschken, Rosinen), klein gehackt

Butter und Kristallzucker für die Förmchen

ROTWEINOBST
Dörrobst (Rosinen, Zwetschken, Apfelringe, Kletzen)
20 ml Orangenlikör
40 ml Rum
etwas Zucker
250 ml Rotwein
eventuell 1 Zimtrinde
abgeriebene Schale von ½ Bio-Orange

ZUBEREITUNG

1 Milch mit Salz aufkochen, Maisgrieß einrühren und auf kleiner Flamme kochen, bis der Grieß gequollen ist, mit Zucker, geriebener Orangen- und Zitronenschale sowie Orangenlikör abschmecken.

2 Gelatine in lauwarmem Wasser einweichen und unter die heiße Grießmasse rühren, abkühlen lassen, Obers halbsteif mit Zucker aufschlagen und locker in die Masse einrühren.

3 Gedünstete, abgekühlte Rumfrüchte klein hacken und unter die Masse rühren.

4 Soufflé-Förmchen gut mit Butter ausstreichen und mit Kristallzucker ausstreuen, die Flammerimasse in die Förmchen füllen, jedes auf die Arbeitsplatte klopfen, damit die Grießmasse auch wirklich kompakt wird, dann kalt stellen.

5 Vor dem Servieren die Förmchen kurz in heißes Wasser tauchen, die Flammeris lassen sich dann besser stürzen.

6 Für das Rotweinobst beliebiges Dörrobst mit Orangenlikör und Rum beträufeln, zuckern und einige Zeit stehen lassen. Wenn die Früchte gut mariniert sind, den Rotwein dazugeben, nochmals nach Geschmack zuckern, eventuell Zimtrinde und Orangenschale dazugeben und aufkochen.

7 Die Flammeris auf kühle Teller stürzen und mit den Rotweinfrüchten garnieren. Die Zimtstange aus dem verbliebenen Rotwein nehmen, dicklich einkochen lassen und diesen Sirup über die angerichteten Früchte gießen.

GEBRATENE POLENTA
mit Rhabarberkompott

ZUTATEN
1 l Wasser
1 Prise Salz
5 EL Zucker
250 g Maisgrieß

Öl für die Form

1 Ei
50 g Semmelbrösel
50 g Butter
30 g Mandelblättchen

KOMPOTT
1 kg Rhabarber
250 ml Kirschensaft
1 EL Zitronensaft
2 TL Speisestärke

Zitronenmelisse zum Garnieren

ZUBEREITUNG

1 Wasser mit Salz und 2 EL Zucker aufkochen, Maisgrieß hinzufügen und unter ständigem Rühren ca. 10 Minuten bei schwacher Hitze ausquellen lassen, Topf vom Herd nehmen und abgedeckt weitere 5 Minuten ausquellen lassen.

2 Eine rechteckige Form (ca. 18 x 29 cm) mit Öl einstreichen, Polenta darin glatt streichen und abkühlen lassen.

3 Inzwischen für das Kompott den Rhabarber putzen und in schmale Stücke schneiden, Kirschen- und Zitronensaft erhitzen, Rhabarber darin 5–8 Minuten dünsten, mit dem restlichen Zucker abschmecken.

4 Speisestärke und wenig Wasser glatt rühren und das Kompott damit eindicken.

5 Polenta in Quadrate schneiden, diese in verquirltem Ei, dann in Semmelbröseln wenden und in 20 g heißer Butter von beiden Seiten goldbraun braten.

6 Die Mandelblättchen in einer Pfanne ohne Fett rösten, die restliche Butter zufügen und zergehen lassen.

7 Die Polentastücke und etwas Kompott zusammen auf Desserttellern anrichten, mit der Mandelbutter übergießen und nach Belieben mit Zitronenmelisse garnieren, das restliche Kompott extra reichen.

POLENTA
mit Äpfeln

ZUTATEN
20 g Maisgrieß
500 ml Wasser
1 Prise Salz • 2 EL Honig
2 Eier • 5 EL Obers
Vanillearoma
geriebene Schale von ½ Bio-Zitrone • Zimt

50 g Butter oder Margarine für die Form

500 g Äpfel
30 g Rosinen

ZUBEREITUNG

1 Maisgrieß in das kochende Salzwasser einrühren und bei reduzierter Hitze köcheln lassen, bis eine dickliche Masse entsteht, danach Honig, Eier, Obers und Gewürze einrühren.

2 In einer Auflaufform Butter oder Margarine zergehen lassen, die Maismasse einfüllen und mit geschnittenen Äpfeln und Rosinen bestreuen (man kann beides auch unter die Maisgrießmasse mischen).

3 Grieß-Apfel-Masse im auf 180 °C vorgeheizten Backrohr ca. 30 Minuten backen.

PFLAUMEN-RINGLOTTEN-POLENTA-STRUDEL

ZUTATEN FÜR 1 STRUDEL

2 Strudelteigblätter
800 g Pflaumen und Ringlotten, entsteint
6 EL Braunzucker
1 Ei zum Bestreichen

FÜLLE
1 l Milch
200 g Polenta
1 Pkg. Vanillezucker
Salz
150 g Butter
2 Eier

VANILLESAUCE
500 ml Milch
3 EL Kristallzucker
2 Pkg. Vanillezucker
½ Vanilleschote, aufgeschlitzt
20 g Vanillepuddingpulver

ZUBEREITUNG

1 Für die Fülle die Milch in eine Kasserolle schütten, Polenta, Vanillezucker und eine Prise Salz dazugeben, unter ständigem Rühren mit einem Schneebesen zu einem dicken Brei kochen, Butter einarbeiten und auskühlen lassen, danach die Eier mit einem Kochlöffel unterrühren.

2 Die Strudelteigblätter auf einem feuchten Tuch auflegen, mit der Polentafülle bestreichen, Pflaumen und Ringlotten darauf verteilen und mit Braunzucker bestreuen, die Breitseiten einschlagen und den Teig mit dem Tuch von oben nach unten zum Strudel einrollen.

3 Den Strudel auf ein mit Backpapier ausgelegtes Backblech geben, mit verquirltem Ei bestreichen und im vorgeheizten Backofen bei 180 °C ca. 25 Minuten backen.

4 Für die Vanillesauce von der Milch eine halbe Tasse zur Seite stellen, die restliche Milch mit Kristall-, Vanillezucker und Vanilleschote aufkochen.

5 Puddingpulver in der kalten Milch anrühren und danach zügig in die kochende Milch einrühren, aufkochen lassen und vom Herd nehmen.

6 Den Strudel aus dem Ofen nehmen, in Portionen schneiden und mit der Vanillesauce auf Tellern anrichten.

POLENTA
mit Mandelhaube

ZUTATEN
200 g Polentagrieß
750 ml Wasser
1 Prise Salz
3 EL Honig
2 Eier

Butter für die Form

MANDELHAUBE
80 g Butter
150 g Mandelsplitter
2 EL Honig

ZUBEREITUNG

1 Polentagrieß in kochendes Salzwasser einrühren und 5 Minuten unter Rühren kochen lassen, danach zugedeckt auf kleinster Flamme ausquellen lassen.

2 Den Topf von der Herdplatte nehmen, Honig und Eier unterrühren, eine Auflaufform oder ein Backblech ausbuttern und die Polenta einfüllen.

3 Für die Mandelhaube die Butter in einer Pfanne zergehen lassen, Mandelsplitter und Honig darin kurz andünsten, danach über die Polenta verteilen und im Backofen bei 180 °C 25–30 Minuten backen.

4 Die Polenta mit Mandelhaube portionieren, heiß auf Tellern anrichten und mit Kompott nach Wahl servieren.

HIMBEERSTRUDEL
mit Sterz

ZUTATEN
1 Pkg. Strudelteig

FÜLLE
500 ml Milch
120 g Butter
150 g Polentamehl
2 Eier
Saft und Schale von 1 Bio-Zitrone
250 g Himbeeren

Öl für das Backblech
Butterflocken
Schokoladensauce

ZUBEREITUNG

1 Für die Sterzfülle die Milch mit der Butter aufkochen, das Polentamehl einrühren und so lange weiterrühren, bis sich ein dicker Brei bildet.

2 Die Polenta abkühlen lassen, dann die Eier, Zitronenschale und -saft einrühren.

3 Die Sterzmasse auf den Strudelteig aufstreichen, Himbeeren daraufgeben (einige für die Garnitur zurückbehalten) und einrollen.

4 Den Strudel auf ein eingefettetes Blech geben, mit Butterflocken bedecken und bei 175 °C im Backrohr backen, bis der Strudel goldbraun ist.

5 Den Strudel portionieren und mit Schokoladensauce und Himbeeren garnieren.

GEBACKENE POLENTANUDELN
mit Glühwein

ZUTATEN
300 ml Milch
1 Prise Salz
100 g Polentagrieß
1 Ei
50 g Mehl
Staubzucker und Zimt zum Bestreuen

Mehl zum Ausarbeiten
Öl zum Ausbacken

GLÜHWEIN
250 ml Rotwein
100 ml Wasser
100 g Zucker
1 Zimtstange

ZUBEREITUNG

1 Die Milch in einen Topf geben, leicht salzen und aufkochen lassen, den Polentagrieß mit einem Schneebesen in die kochende Milch einrühren, 3 Minuten kochen lassen.

2 Den Topf vom Herd ziehen und die Eier unterrühren, danach die Polenta 30 Minuten auskühlen lassen.

3 Mehl zur Polenta hinzufügen und auf einer bemehlten Arbeitsfläche gut verkneten.

4 Mit bemehlten Händen 4 cm lange, fingerdicke Nudeln formen und diese in heißem Öl goldgelb ausbacken, anschließend warm stellen.

5 Für den Glühwein alle Zutaten kurz erhitzen und 5 Minuten ziehen lassen, Zimtrinde herausnehmen.

6 Die Nudeln auf Tellern anrichten und mit Staubzucker und Zimt bestreuen. Den Glühwein (zum Begießen der Nudeln) getrennt dazu servieren.

Himbeerstrudel *mit Sterz*

BIRNEN-MAISGRIESS-RÜHRKUCHEN

ZUTATEN FÜR 1 VIERECKIGE BACKFORM (CA. 25 X 25 CM) ODER FÜR 1 SPRINGFORM (26 CM DURCHMESSER)

200 g weiche Sauerrahmbutter
Saft und Schale von 1 Zitrone (unbehandelt)
200 g Braunzucker
1 Prise Salz
4 Eier
165 g Quinoamehl (aus rotem Quinoa)
165 g Heidenmehl (fein gemahlen)
1 Pkg. Backpulver
125 g mittelfeiner Maisgrieß
75 ml Milch

Butter und etwas Quinoamehl für die Form
3 Birnen (oder ca. 5 Ananasscheiben)

ZUBEREITUNG

1 Die Butter in einen Schneekessel geben, Zitrone heiß waschen, abtrocknen und die Schale mit einer Zitrusreibe auf die Butter reiben, Zitrone halbieren, Saft auspressen und beiseitestellen.

2 Braunzucker und Salz zur Butter geben und mit dem Handmixer cremig rühren, nach und nach die Eier zugeben und weiterrühren.

3 Mehl mit Backpulver vermischen und dazugeben, Maisgrieß und Milch hinzufügen und alles gut vermischen, zuletzt den Zitronensaft in die Masse einrühren*.

4 Die Form mit Butter befetten und mit Mehl ausstauben, die Masse einfüllen und glatt streichen.

5 Die Birnen schälen, halbieren, Stiel und Kerngehäuse entfernen und mit einem scharfen Messer fächerförmig in dünne Scheiben schneiden, sodass sie am oberen Ende noch zusammenhängen, die Birnenfächer gleichmäßig auf die Masse legen.

6 Den Kuchen im vorgeheizten Backofen bei 180 °C auf mittlerer Schiene ca. 40 Minuten backen, danach aus dem Ofen nehmen, etwas abkühlen lassen, aus der Form nehmen und vollständig erkalten lassen.

Info

** Einige Birnenwürfel ganz zuletzt unter den Teig gemischt machen den Kuchen besonders saftig.*

Bauernhof in St. Margarethen im Burgenland. (Aus dem Buch: „Das Burgenland“ von Hans Retzlaff und Heinrich Kunnert, Verlagshaus Bong & Co, Berlin o. J.)

POLENTA-APFEL-SCHMARREN

ZUTATEN

500 ml Wasser
½ TL Salz
400 g Maisgrieß
400 g Äpfel

70 g Butter
Zimt und Zucker zum Bestreuen

ZUBEREITUNG

1 In das kochende Salzwasser den Maisgrieß einrühren, Herd ausschalten und quellen lassen. Wenn die Polenta kalt ist, die grob geriebenen Äpfel unterrühren und die Polenta-Apfel-Masse unter ständigem Rühren in heißer Butter rösten.

2 Den Schmarren vor dem Servieren mit Zimt und Zucker bestreuen.

Tipp

Dazu passt Apfelkompott oder Milch.

ZWETSCHKEN-MAISGRIESS-AUFLAUF

ZUTATEN FÜR 4 PORTIONEN
750 ml Milch • 1 Prise Salz 1 Pkg. Vanillezucker • 175 g Maisgrieß • 600 g Zwetschken 3 Eier • 75 g Kristallzucker 75 g Topfen (10 % F. i. Tr.) 50 g Mandelblättchen Butter für die Auflaufform

Tipp

Sollte der Auflauf zu schnell dunkel werden, mit Backpapier abdecken und erst nachdem die Mandelblättchen daraufgegeben wurden, das Backpapier wieder entfernen.

ZUBEREITUNG

1 In einer geeigneten Kasserolle die Milch mit Salz und Vanillezucker zum Kochen bringen, Maisgrieß einrühren, die Kasserolle vom Herd nehmen und 10 Minuten ausquellen lassen.

2 Die Zwetschken waschen, halbieren, Stein entfernen und Fruchtfleisch anschließend vierteln.

3 Eier trennen, Eidotter mit Kristallzucker schaumig schlagen, Topfen und Grießmasse löffelweise einrühren, Zwetschkenspalten einarbeiten, Eiklar steif schlagen und unterheben.

4 Eine Auflaufform oder vier kleine Förmchen mit Butter ausfetten, die Masse einfüllen, glatt streichen und im vorgeheizten Backofen bei 180 °C Umluft ca. 50 Minuten backen, nach 40 Minuten mit den Mandelblättchen bestreuen und fertig backen.

POLENTASCHMARREN

ZUTATEN
FÜR 4–6 PORTIONEN

50 g Butter
200 g Polentagrieß
500 ml Milch
Salz

Staubzucker zum Bestreuen

ZUBEREITUNG

1. Das Fett erhitzen, den Maisgrieß hineingeben und etwas anziehen lassen, mit der kalten Milch aufgießen und salzen.
2. Die Masse gut durchrühren, in eine gut befettete Auflaufform ca. 3 cm hoch einfüllen.
3. Im auf 160 °C vorgeheizten Backofen ca. 15 Minuten backen, bis sich an der Unterseite eine braune Kruste bildet, dann den Schmarren aus dem Backofen nehmen und entweder mit der Schmarrenschaufel in Stücke reißen oder mit großen Ausstechern beliebige Formen ausstechen.
4. Mit Zucker bestreuen und mit Milchkaffee servieren.

Tipp

Wer es lieber fruchtig mag, isst Apfelmus zum Polentaschmarren.

POLENTAAUFLAUF
mit Schneehaube

ZUTATEN FÜR CA. 6 PORTIONEN

500 ml Milch • Salz
200 g Maisgrieß
150–250 ml Milch • 1 Ei
2 Eidotter • 70 g Zucker
Vanillezucker
Saft von 1 Zitrone
Butter und Semmelbrösel für die Form • Butterflocken

FÜLLE

4 Äpfel (ca. 600 g), geschält und blättrig geschnitten
50 g Zucker • 50 g Rosinen
50 g Walnüsse, grob gehackt
2 Eiklar • 50 g Zucker

ZUBEREITUNG

1 Die Milch salzen, aufkochen, den Maisgrieß einrühren und dick einkochen.

2 Für die Fülle die Äpfel mit Zucker, Rosinen und Walnüssen vermengen.

3 Milch, Ei, Eidotter, Zucker, Vanillezucker und Zitronensaft in die überkühlte Maismasse einrühren.

4 Die halbe Menge in eine befettete und mit Bröseln ausgestreute Auflaufform streichen, die Apfelfülle darauf verteilen, die restliche Maismasse darübergeben, eventuell Butterflöckchen darauf verteilen und bei 170 °C ca. 45 Minuten backen.

5 Inzwischen Eiklar und Zucker steif schlagen, das Backrohr auf Grillfunktion umschalten, den Polentaauflauf mit der Schneemasse bestreichen und goldbraun überbacken.

APFEL-POLENTA-TORTE

ZUTATEN FÜR 1 TORTE (24–26 CM Ø)

200 g Butter • 200 g Staubzucker • 4 Eidotter
200 g feiner Maisgrieß oder Maismehl
½ Pkg. Backpulver
100 g Walnüsse, gerieben
100 g Schokolade, gerieben
500 g Äpfel, geschält und grob geraspelt
4 Eiklar • 1 Prise Salz

Marmelade zum Bestreichen
ca. 200 g Schokoladenglasur

ZUBEREITUNG

1 Butter schaumig rühren, Staubzucker und Dotter einrühren, Maisgrieß oder Maismehl, Backpulver, Nüsse und Schokolade vermischen und unter die Masse rühren.

2 Die Äpfel untermengen, zum Schluss die Eiklar mit Salz steif schlagen und unter die Masse heben.

3 Die Masse in eine befettete Tortenform füllen und bei 180 °C ca. 50 Minuten backen, Nadelprobe machen!

4 Die ausgekühlte Torte mit Marmelade bestreichen und mit Schokoladenglasur glasieren.

Tipp

Verwenden Sie für die Torte eine aromatische Marmelade, dann schmeckt sie besonders gut.

ÜBER DEN AUTOR

Herbert Paukert betreibt seit 2000 mit seiner Frau und seiner Tochter einen erfolgreichen Gastronomiebetrieb in Feldkirchen bei Graz. Sein Interesse an Sterz- und Polentagerichten hat sich mit seiner Leidenschaft für Kochbücher zusammengetan und ein umfangreiches Sterzbuch geschaffen.

REZEPT-REGISTER

Apfel-Polenta-Torte 122

Bagersterz 30
Bärlauch-Polenta-Würfel mit Campignonsauce 74
Bettlersterz I 20
Bettlersterz II 20
Birnen-Maisgrieß-Rührkuchen 116
Breinsterz 16
Brennsterz 11

Erdäpfelpolenta 88
Erdäpfelsterz 18

Forellenfilet auf Spinat mit Polenta 76

Gebackene Polenta-Speck-Knödel mit Grünkohl 71
Gebackene Polentanudeln mit Glühwein 114
Gebackenes Osterkitz in der Polentakruste mit kalter Olivenölsauce 60
Gebratene Hendlhaxen auf Polenta und Wurzelgemüse 69
Gebratene Maisrösti 45
Gebratene Polenta mit Rhabarberkompott 110
Gebratene Polentascheiben mit Zucker und Zimt 102
Gefüllte Polentadukaten 66
Gegrillte Bohnenpolenta 53
Gegrillte Hendlhaxen mit Polentatalern 54
Gekochte oder gegrillte Maiskolben 94
Gemüse im Maisgrießring 41
Gersten-Bohnen-Sterz 24
Gerstensterz 16
Gnocchi di polenta al gorgonzola (Nockerl aus Maisgrieß mit Gorgonzola) 92
Grießsterz 24
Grießsterz mit Zwetschkenröster 28

Häfensterz mit saurer Milch 11
Halbsterz 17
Hasenpfeffer mit Polentascheiben 56
Heiden-(Buchweizen-)Sterz 25
Heidensterz II 24
Himbeerstrudel mit Sterz 114
Holzknechtsterz 21

Italienische Polentapizza 91

Kaninchen mit Apfelmost, Jungzwiebeln und Polentanockerln 84
Käsepolenta auf Paradeiser-Zucchini-Gemüse 82
Kürbis-Polenta-Auflauf 80
Kürbiskernölpolenta mit Mischpilzen 46

Mais-Safran-Suppe 33
Maisbrot 94
Maisbrot II 94
Maisgrießauflauf mit Speck, Salami und Sultaninen 49
Maisgrießparfait mit Beerensauce 108
Maisgrießsoufflé mit frischen Feigen 103
Maismehlgarnica (Rumänien) 96
Maisschmarren mit Bohnengemüse 44
Maissterz (Riebel) 14
Maissterz mit Schwammerln 14
Maissuppe 33
Mamaliga (Rumänisches Nationalgericht) 96
Mohngarnica (Rumänien) 96

Ochsenschleppgulasch mit cremiger Polenta 78
Ölsterz 27

Panierte Polentaschnitten 59
Paprika-Paradeiser-Polenta mit gebratenem Zander im Speckmantel 72
Pfannküchlein mit Maiskörnern und Pilzen 39
Pflaumen-Ringlotten-Polenta-Strudel 111
Pikante Polentatorte 62
Pikante Sterzecken mit Bauernschinken 39
Polenta alla griglia (Gegrillte Polenta mit Spiegelei) 90
Polenta alla pancetta 92
Polenta mit Äpfeln 110
Polenta mit Kastanien und Speck 42

Polenta mit Mandelhaube___112
Polenta nach Lasagne-Art___93
Polenta und Fricka___52
Polenta-Apfel-Schmarren___118
Polenta-Grammel-Knödel mit Pilzsauce___73
Polenta-Grundrezept___87
Polenta-Kürbis-Kuchen pikant___48
Polenta-Lauch-Suppe___36
Polenta-Spinat-Strudel___77
Polenta-Topfen-Auflauf mit Karamellbirnen___106
Polentaauflauf mit Schafkäse___57
Polentaauflauf mit Schneehaube___121
Polentaecken mit Schwammerln und Faschiertem___58
Polentagratin___50
Polentagratin mit Frühlingszwiebeln und Gorgonzola___89
Polentakarpfen___62
Polentaknödel auf Vanillesauce___102
Polentaknödel mit Gemüsefülle und Knusperspeck___79
Polentakugeln auf Paradeisersauce___85
Polentalaibchen mit Käse, Speck, Schwammerln und Paradeisern___68
Polentanocken mit Käse überbacken___83
Polentanockerl___35
Polentapizza mit Speck___63
Polentapudding mit Früchten der Saison___99
Polentarhomben mit Pilz-Käse-Sauce___52
Polentascheibchen___37
Polentascheiben auf Spinat___42
Polentascheiben mit Schinken___40
Polentaschmarren___120
Polentaschnitten als Beilage___37
Polentaschnitten mit Käse überbacken___58
Polentasterz als Beilage___16
Polentasterz mit Grammeln___12
Polentatommerl___31

Rehschlögel mit Polentatalern und Gemüse___64
Riebel (Maissterz)___14
Riebelsterz mit Erdäpfeln___14
Rindsuppe mit Polenta-Speck-Nockerln___34
Römische Krusteln___88

Saibling auf Linsen mit Polenta___67
Sauerbrunner Bohnensterz___18
Schwammerlsterz___21
Schweizer Mais-Milch-Suppe___33
Steirischer Grießsterz___23
Steirischer Schwammerlsterz___22
Sterz (Grundrezept)___11
Sterz aus Getreideschrot___12
Sterz- oder Grießflammeri___109
Sterzauflauf mit Fruchtsauce___105
Sterzsuppe mit Lauch___35
Sterzwurst in Kürbiskernpanier___81
Süße Polenta mit Früchten___100
Süße Polentacreme___99
Süßer Maisgrießauflauf___104
Süßer Maisgrießbrei___108
Süßer Polentasterz___29

Tischpolenta___90
Tofu-Pilz-Ragout mit Polenta___70
Topfenknödel mit Maisgrieß___102
Topfenriebel mit Holundermus___27
Topfensterz___18
„Türken"-Sterz geröstet___12

Überbackene Polenta___39

Ukrainische Mamalyga___97

„Verheirateter" Sterz___27

Woazschnitten (Polentaschnitten)___37

Zwetschken-Maisgrieß-Auflauf___119

AUS UNSEREM PROGRAMM

ISBN 978-3-7020-1159-8

ISBN 978-3-7020-0862-8

ISBN 978-3-7020-1597-8

ISBN 978-3-7020-1447-6

LEOPOLD STOCKER VERLAG
www.stocker-verlag.com
Graz – Stuttgart

AUS UNSEREM PROGRAMM

ISBN 978-3-7020-0991-5

ISBN 978-3-7020-1086-7

ISBN 978-3-7020-1276-2

LEOPOLD STOCKER VERLAG
www.stocker-verlag.com
Graz – Stuttgart